# Les bonnes combinaisons alimentaires

**Catalogage avant publication de Bibliothèque et Archives nationales du Québec et Bibliothèque et Archives Canada**

Martin-Bordeleau, Lucile, 1924-

    Les bonnes combinaisons alimentaires

    (Collection Santé naturelle)

    ISBN 978-2-7640-1836-1

    1. Alimentation. 2. Combinaisons alimentaires. 3. Cuisine santé. I. Titre. II. Collection: Collection Santé naturelle (Éditions Québecor).

RA784.M37 2012   613.2     C2012-941028-4

Dépôt légal: 2012
Bibliothèque et Archives nationales du Québec

Pour en savoir davantage sur nos publications,
visitez notre site : **www.quebecoreditions.com**

Éditeur: Jacques Simard
Conception de la couverture: Bernard Langlois
Illustration de la couverture: Istockphoto
Conception graphique: Sandra Laforest
Infographie: Claude Bergeron

Imprimé au Canada

**DISTRIBUTEURS EXCLUSIFS:**

• Pour le Canada et les États-Unis:
**MESSAGERIES ADP***
2315, rue de la Province
Longueuil, Québec J4G 1G4
Tél.: (450) 640-1237
Télécopieur: (450) 674-6237
* une division du Groupe Sogides inc.,
filiale du Groupe Livre Québecor Média inc.

• Pour la France et les autres pays:
**INTERFORUM editis**
Immeuble Paryseine, 3, Allée de la Seine
94854 Ivry CEDEX
Tél.: 33 (0) 4 49 59 11 56/91
Télécopieur: 33 (0) 1 49 59 11 33

**Service commande France
Métropolitaine**
Tél.: 33 (0) 2 38 32 71 00
Télécopieur: 33 (0) 2 38 32 71 28
Internet: www.interforum.fr

**Service commandes Export –
DOM-TOM**
Télécopieur: 33 (0) 2 38 32 78 86
Internet: www.interforum.fr
Courriel: cdes-export@interforum.fr

• Pour la Suisse:
**INTERFORUM editis SUISSE**
Case postale 69 – CH 1701 Fribourg
– Suisse
Tél.: 41 (0) 26 460 80 60
Télécopieur: 41 (0) 26 460 80 68
Internet: www.interforumsuisse.ch
Courriel: office@interforumsuisse.ch

**Distributeur: OLF S.A.**
ZI. 3, Corminboeuf
Case postale 1061 – CH 1701 Fribourg
– Suisse

**Commandes:** Tél.: 41 (0) 26 467 53 33
Télécopieur: 41 (0) 26 467 54 66
Internet: www.olf.ch
Courriel: information@olf.ch

• Pour la Belgique et le Luxembourg:
**INTERFORUM BENELUX S.A.**
Fond Jean-Pâques, 6
B-1348 Louvain-La-Neuve
Tél.: 00 32 10 42 03 20
Télécopieur: 00 32 10 41 20 24

Gouvernement du Québec – Programme de crédit d'impôt pour l'édition de livres – Gestion SODEC.

L'Éditeur bénéficie du soutien de la Société de développement des entreprises culturelles du Québec pour son programme d'édition.

Nous reconnaissons l'aide financière du gouvernement du Canada par l'entremise du Fonds du livre du Canada pour nos activités d'édition.

Lucile Martin-Bordeleau

# Les bonnes combinaisons alimentaires

## Pour une alimentation saine anticholestérol et anticancer

LES ÉDITIONS
Québecor
Une société de Québecor Média

# Dédicace

*Il faut plus qu'une pomme pour emplir un panier.*
*Il faut plus d'un pommier pour que chante un verger.*
*Mais il ne faut qu'un homme ou une femme pour qu'un peu*
*de bonté luise comme une pomme que l'on va partager.*

Maurice Carême

Je dédie ce livre à ceux et à celles qui veulent prévenir la maladie : arthrite, rhumatisme, migraine, ostéoporose, cancer, etc.

À ceux et à celles qui veulent garder leur santé ou la recouvrer s'ils l'ont perdue.

À ceux et à celles qui veulent maigrir en beauté et en santé sans avoir à subir les fameux régimes amaigrissants (méthode yo-yo) qui ont pour effet de nous faire engraisser deux fois plus dès que nous recommençons à manger normalement.

Que la vie est belle quand nous pouvons faire ou accomplir tout ce que nous voulons ou presque : nous lever le matin, sans cette horrible migraine, vaquer à nos occupations sans avoir à porter de trop nombreux kilos, sortir de table sans subir cette lourdeur qui nous pousse à somnoler et qui nous paralyse pendant quelques heures. Depuis que j'ai adopté la **technique des bonnes combinaisons alimentaires**, je n'ai plus cette sensation de sommeil qui m'envahissait surtout après les repas du midi et du soir.

Que c'est merveilleux de pouvoir profiter à 100 % de notre temps et non plus seulement à 50 % et même moins !

# Introduction

Bonjour, chères amies et chers amis !

Oui, me revoilà ! J'avais pourtant dit NON à ceux et à celles qui me demandaient, il y a quelque temps, si j'écrirais d'autres livres ou si je publierais à nouveau *Les bonnes combinaisons alimentaires*. Eh bien, j'ai décidé de récidiver, de me faire mentir et de vous livrer, en plus de la **technique des bonnes combinaisons alimentaires**, le secret de ma bonne forme physique et mentale ! C'est si simple de vivre en santé.

Il sera également question de quelques personnes, parmi tant d'autres, qui ont bénéficié de nos connaissances (mon mari, tout comme moi, naturopathe) et qui ont eu une meilleure qualité de vie.

Dans cet ouvrage, j'aimerais donc aider toutes ces personnes atteintes d'une maladie quelconque (arthrite, rhumatisme, obésité, migraine, constipation, cancer, etc.) à améliorer leur sort et à profiter de la vie.

Partout où je vais, on me dit que je suis chanceuse d'être à mon âge (88 ans) en bonne forme physique et mentale, exempte d'arthrite, d'ostéoporose, etc., et de n'ingurgiter aucune pilule chimique.

En effet, je suis chanceuse. J'arrive d'un voyage de deux semaines à Varadero, Cuba. J'y suis allée seule, comme une grande fille, j'ai profité du beau soleil, de la mer, de la température clémente, des beaux paysages, de la rencontre de gens fantastiques, bref, la belle vie.

Alors, aujourd'hui, en ce beau jour ensoleillé et froid du mois de mars, j'ai le goût de vous dire que je ne suis pas une miraculée de la basilique Sainte-Anne-de-Beaupré ni de l'oratoire Saint-Joseph, mais une simple personne qui, à 40 ans, a amélioré son alimentation par les connaissances acquises en naturopathie.

J'avais donc 40 ans quand mon mari, Gilles Bordeleau, a suivi des cours en naturopathie donnés par Guy Bohémier, président du Collège des naturopathes du Québec et professeur émérite d'un grand savoir. Nous mettions en pratique tout ce qu'il apprenait et c'est alors que tout a changé pour le mieux.

Ce n'est pas tout d'avoir des connaissances, encore faut-il avoir la volonté de les mettre en pratique. Dans la vie, nous avons toujours un choix ; par conséquent, la chance, nous la faisons nous-mêmes. Ici, j'aimerais vous dire que la bonne santé dont je jouis est due aux aliments santé, aux **bonnes combinaisons alimentaires** et à l'exercice physique. Ce n'est pas tout de manger des aliments même biologiques, il faut savoir avec quoi et quand les manger pour les assimiler, c'est-à-dire les digérer, afin d'en retirer le plus de bienfaits possible. Si nous n'assimilons pratiquement rien, notre organisme n'est pas nourri, devient carencé et accumule des déchets qui conduisent aux différentes maladies. D'ailleurs, je connais des gens qui ne mangent que des produits biologiques et qui ont une haleine repoussante, ce qui signifie qu'ils ne digèrent rien.

En plus des fruits et des légumes que nous mangions déjà en grande quantité, la naturopathie nous a appris à connaître la valeur nutritive des aliments, ce qui nous a menés à manger des aliments moins chimifiés, complets et de culture biologique. Nous avons donc troqué le pain blanc pour du pain complet, le riz blanc pour du riz entier, le café et le thé pour des tisanes ou des cafés de céréales; nous avons même éliminé le lait. Nous avons en outre connu l'existence des centrifugeuses (extracteur à jus) et, pour couronner le tout, Herbert M. Shelton, un chiropraticien américain, nous a fait découvrir la **technique des bonnes combinaisons alimentaires** qu'il a élaborée vers les années 1950.

Je le répète: ce n'est pas tout de manger de bons aliments, il faut savoir quand et avec quoi les manger. Cela me fait penser à un chant de mon enfance: «Que sert à l'homme de gagner l'Univers s'il perd son âme?» À cela, je réponds: que sert à l'humain de manger du ris de veau, des poissons, des fruits, des légumes de très bonne qualité, voire biologiques, s'il n'assimile pratiquement rien?

Je vous le redis, il n'y a pas cinquante-six moyens d'être en santé ou de la recouvrer; si nous l'avons perdue, il nous faut adopter la **technique des bonnes combinaisons alimentaires** (voir à la page 43) qui nous fait connaître le fonctionnement du système digestif et, par conséquent, le pourquoi de nos malaises. C'est avec la connaissance que nous pouvons améliorer notre sort. Si, après un repas, nous avons sommeil, nous nous sentons lourds, nous avons des flatulences, nous saurons reconnaître notre «péché» et nous ne le répéterons pas au prochain repas. La maladie ne vient pas du jour au lendemain, comme un accident d'auto. C'est l'accumulation de déchets: 3 mauvais repas par jour, 7 jours par semaine et 52 semaines par année. Notre seuil de tolérance dépassé, nous nous réveillons un bon matin avec de l'arthrite, du rhumatisme, une migraine ou une mauvaise digestion, etc. Nous avons tous un seuil de tolérance: les uns l'atteignent vers 20-30 ans et d'autres, vers 50 ans. Mais lorsque nous l'avons dépassé, c'est comme la goutte qui fait déborder le vase: la maladie s'installe. Bien sûr, avec une bonne alimentation, il faut ajouter de l'exercice physique pour rester souple.

Comme je l'ai mentionné précédemment, c'est vers 40 ans que j'ai commencé à faire de l'insomnie et de la mauvaise circulation sanguine. Je ne pouvais m'endormir sans porter une paire de chaussettes, pourtant je ne buvais que deux tasses de café par jour. Si j'avais cru la médecine traditionnelle qui nous dit : « C'est normal, vous vieillissez », j'aurais accepté mon sort en me gavant de pilules et je ne serais pas là aujourd'hui pour vous dire qu'il est merveilleux, à mon âge, de faire ce que je veux ou presque.

Comme tout le monde, nous pensions, mon mari et moi, bien nous nourrir avec des repas que nous croyions bien équilibrés : beaucoup de fruits et de légumes, des viandes de qualité, des fromages, du pain blanc, du riz blanc, à peu près pas de *fast food* (un seul hot dog par semaine, le dimanche soir, mon congé de la semaine et un festin pour les enfants). Voici un repas que je pensais santé : une soupe riz blanc et tomates, une salade de légumes avec mayonnaise, poulet, pommes de terre, pois verts, haricots verts, dessert, verre de lait ou café. C'est en enlevant les irritants (riz blanc, dessert, café et lait) que je me suis guérie. Certes, parfois, je fais des écarts, mais pas tous les jours.

## Quelques cas

Même si nous restons vigilants, nous pouvons éprouver certains malaises dus au stress, à la fatigue, aux produits chimiques dans les aliments et l'eau que nous buvons. Alors, un bon jour, je me suis retrouvée avec une tumeur sur l'os du gros orteil, à un point tel que je ne pouvais plus mettre mon soulier. Une tumeur, c'est un amoncellement de cellules mortes. Pour régler le problème, en plus d'être très sévère dans la préparation de mes menus, je bus une tasse de jus de carotte et de céleri fait à la centrifugeuse, 20 minutes avant les repas du midi et du soir. Quatre jours plus tard, la tumeur avait disparu. J'aurais pu me la faire enlever, une opération somme toute bénigne. Pourtant, si je n'avais pas modifié mon alimentation, j'aurais eu des tumeurs à répétition.

Voici un autre cas. Mon mari, un gros buveur de lait, faisait des sinusites à répétition depuis son enfance jusqu'au jour où il a appris, grâce à la naturopathie, que le lait produisait beaucoup de mucus, bouchait les sinus et les oreilles. Un médecin l'avait même opéré, en prétextant qu'il avait la paroi du nez croche, ce qui occasionnait des sinusites. L'opération n'a rien donné. Les sinusites ont réapparu, comme avant. La vraie cause était le lait. Il a donc cessé complètement d'en boire et n'a jamais refait de sinusite. Comme je l'ai dit précédemment, si l'on ne va pas à la cause de ses malaises, on prendra toujours des pilules sans jamais être guéri. D'ailleurs, dans sa pratique, que de cas d'otite mon mari a-t-il guéris en suggérant aux parents de couper le lait. Vous verrez, un peu plus loin, pourquoi le lait n'est pas le meilleur aliment pour la santé.

Je me souviens de cette dame de 80 ans qui souffrait d'ulcères d'estomac. Mon mari, qui traitait avec la méthode des **bonnes combinaisons alimentaires** (BCA), lui a demandé ce qu'elle mangeait le matin, le midi et le soir. «Petit déjeuner, des rôties avec des bananes, de la confiture ou du sirop d'érable, des céréales avec du sucre et du lait ainsi qu'un café.» Mon conjoint de lui dire: «N'en dites pas davantage. Je sais le pourquoi de vos malaises.» Il lui a expliqué la technique BCA, à savoir que le pain ne se mange pas avec des fruits ou de la confiture. Dix jours plus tard, elle l'a rappelé pour lui dire: «J'aurais dû vous connaître 20 ans plus tôt. Toutes les pilules que le médecin me faisait prendre atténuaient seulement mes malaises, me voici maintenant guérie.»

Mon fils Alain, alors âgé de 10 ans, avait souvent des rhumes qui ressemblaient parfois à du faux croup, ce qui est très inquiétant. Un jour, en état de crise, nous avons appelé le médecin qui a diagnostiqué des amygdales en très piteux état et enflées, et qu'il fallait l'opérer dès qu'il guérirait de son rhume. Quelques semaines plus tard, Alain eut encore un rhume, toujours du genre faux croup. Le médecin revient et dit qu'il faut absolument l'opérer, mais il fallait encore attendre la guérison qui est, en fait, venue d'une tout autre manière. Après sa dernière rechute, nous avons fait l'acquisition d'une centrifugeuse. Sur les conseils de la vendeuse, j'ai préparé à toute la famille un verre de 8 oz (250 ml) de jus de carotte, et ce, tous les jours. Alain n'a jamais été opéré, n'a plus jamais eu de rhume et a continué à grandir en âge et en sagesse (cela, je n'en suis pas si sûre...). Il est le meilleur marathonien du Québec (2 h 14 min 19 s pour 42 km). Tout ce que nous avons dans notre organisme a son utilité. Ce n'est pas en enlevant les amygdales ou la vésicule biliaire que nous serons davantage en santé. Je le répète, il faut aller à la source des malaises qui sont à 99 % dus à l'alimentation. Le directeur de l'école élémentaire de mes enfants m'a dit un jour : « C'est spécial, vos enfants ne sont jamais malades. »

Étant donné son alimentation déficiente (pommes de terre, sauce, pois verts, dessert, lait), mon mari était carencé. Son alimentation était à ce point acide qu'il perçait ses chaussettes sous la plante des pieds ; la senteur qui s'en dégageait était suffocante. Pourtant, c'était un homme d'une très grande hygiène. Il a fait une cure de jus de raisin à la centrifugeuse : un verre de 8 oz (250 ml) le matin avant le déjeuner et un autre le soir, avant le souper. Un mois plus tard, son problème était réglé. Il est allé chercher dans cette cure les vitamines et les minéraux manquants. D'ailleurs, mon mari a fait mentir les médecins qui disaient qu'il ne dépasserait pas le cap des 50 ans. Il a vécu jusqu'à 80 ans, et pas en fauteuil roulant. À 75 ans, on jouait encore au tennis ! S'il n'avait pas amélioré son alimentation, il n'aurait jamais vécu aussi vieux.

Mon frère Gaston a fait une phlébite à 62 ans. Comme il croyait à l'incontournable hérédité, il s'est dit que son tour était venu puisque notre grand-père et notre père étaient morts d'une maladie du cœur à cet âge. Il a été hospitalisé, mais les médecins ne lui prédisaient pas un très long avenir. Par un curieux hasard, les employés de cuisine de l'hôpital sont tombés en grève et la plupart des patients sont retournés à la maison. C'est là que mon mari et moi sommes intervenus. Nous avons donc corrigé son alimentation et avons introduit la prise de suppléments alimentaires : vitamine E, lécithine, vitamine C, tisanes dépuratives. Mon frère a vécu jusqu'à 90 ans ! Que de témoignages de personnes obèses qui ont réussi avec les BCA à retrouver un poids santé.

C'est dommage que les méthodes naturelles ne soient pas plus connues : alimentation, jeûne[1], cures de jus, cures de fruits, etc. Les listes d'attente dans le système de santé seraient tellement moins longues. La part de la santé dans le budget de l'État serait moins lourde.

Janette, 80 ans, souffrait d'ulcères d'estomac qui ne guérissaient jamais, même après avoir consulté de grands spécialistes dans le domaine qui lui dirent que son problème était psychosomatique. Découragée, elle fit un jeûne à notre centre. Elle a guéri ses ulcères et a su prévenir la formation d'autres, grâce aux cours sur l'alimentation que nous donnions. À 90 ans, elle a téléphoné à mon mari pour lui dire que c'était grâce à lui si elle était encore en bonne forme à un âge si avancé.

Je me souviens de cette jeune femme de 27 ans, aux prises avec des migraines permanentes, qui, selon son médecin, devait les endurer toute sa vie. Après avoir assisté à mon cours sur les **bonnes combinaisons alimentaires**, elle est revenue la semaine suivante en me disant : « J'ai mis en pratique ce que vous aviez expliqué et cela fait trois jours que je n'ai pas de migraines. »

---

1. Le jeûne est un repos physique, physiologique et mental. Pour un jeûne ou une cure dans le but d'améliorer son état de santé, d'arrêter de fumer, de maigrir ou simplement de faire une pause, le Centre Val Santé à Rawdon est tout indiqué. C'est un endroit enchanteur et propice à la détente ; vous vous féliciterez d'y avoir séjourné.

Je pourrais vous citer plusieurs autres cas qui, en changeant leur alimentation, en faisant un jeûne ou une cure, etc., améliorent leur qualité de vie. Toutefois, après cela, il importe d'adopter la technique des BCA pour ne pas retomber dans les mêmes mauvaises habitudes qui nous ont conduits aux différentes maladies.

Voici d'autres témoignages que j'ai reçus.

« C'était en 1972. J'avais 37 ans. Je souffrais depuis longtemps d'asthme, de bronchite et d'emphysème. J'étais alors curé aux Îles-de-la-Madeleine. Sur les conseils du médecin, je suis parti vivre dans un pays chaud, en Haïti. Ma santé ne s'est pas améliorée. Je me faisais traiter selon les méthodes conventionnelles de la médecine et la maladie s'aggravait. On m'avait même dit que je n'avais plus que quelques mois à vivre et qu'on ne pouvait plus rien pour moi. On me traitait alors à la cortisone et je séjournais sous la tente à oxygène à tout moment. Je correspondais toujours avec mon ami Gilles Bordeleau, naturopathe lavallois, qui me donnait des conseils et m'envoyait des suppléments alimentaires. Mais se faire soigner à distance n'est pas l'idéal. Sur son invitation, je suis allé chez lui pour y faire une cure qui a duré environ 40 jours. Je pesais à peine 100 livres (45 kilos) et je mesurais 6 pieds (1,80 mètre). C'est vous dire que je n'en menais pas large. Par les bons soins prodigués par Gilles et Lucile Bordeleau, grâce à une cure de jus de fruits et de légumes ainsi qu'à des suppléments vitaminiques, j'ai recouvré la santé. Depuis 1974, je fais mon ministère au Mexique. Je m'occupe d'un orphelinat de 30 enfants et je suis en pleine forme. Gros merci à Gilles Bordeleau qui m'a fait connaître les méthodes naturelles de santé. Depuis, j'ai étudié la naturopathie et je suis devenu naturopathe. »

Maurice Roy, prêtre Voluntas Dei

Empalme, Mexico

(*Note :* Au milieu des années 1980, Maurice Roy a fondé un autre orphelinat à Pascuales, en Équateur. Il est décédé en mai 1998. Il aura vécu 28 ans après avoir été condamné par la médecine traditionnelle.)

« Ayant essayé toutes les méthodes (ou presque) pour maigrir – poudres, diètes protéinées, diète de 500 calories par jour, etc., et me retrouvant au même point, et parfois pire, j'ai opté pour les **bonnes combinaisons alimentaires**. En plus d'avoir perdu du poids et de m'être stabilisé, je me sens plus en forme. »

Quand nous comprendrons que notre corps est une machine vivante, complexe et merveilleuse qui est régie par des lois bien précises, nous améliorerons notre façon de vivre et de nous nourrir. Ainsi, nous pourrons profiter de la vie à 100 % ou presque, une grâce que je vous souhaite.

Peut-être serez-vous tenté de me dire qu'avec une telle manière de s'alimenter on ne peut plus festoyer, voyager, aller au restaurant, etc. Au contraire, on peut tout faire ou presque et, surtout, en profiter. Cependant, il ne faut pas continuer les mauvais repas ou faire trop d'écarts. Après des vacances, de retour à la maison, une petite désintoxication s'impose : tisanes dépuratives, cure de jus, etc., et reprendre ses habitudes d'une vie saine.

Pour être en bonne santé physique et mentale, il ne faut que deux choses seulement : une alimentation saine selon les **bonnes combinaisons alimentaires** et l'exercice physique.

CHAPITRE 1

# L'obésité

Ayant lu, une fois de plus, dans un journal local, un article sur l'obésité qui, semble-t-il, est le problème numéro un de l'heure, j'ai donc décidé de venir vous aider (si vous le voulez bien) par mes connaissances à solutionner ou à améliorer grandement cet état de choses.

On dit qu'au Québec, au Canada et aux États-Unis, 50 % de la population sera obèse, si ce n'est pas déjà fait et dépassé. Donc, 50 % de la population est malade ou est en voie de le devenir. L'obèse est un malade qui s'ignore parce qu'il ne ressent pas de souffrances ni de douleurs comme l'arthritique, le rhumatisant, le migraineux, etc.

Qu'est-ce donc que l'obésité? L'obésité est un excès d'embonpoint par une surcharge graisseuse du tissu sous-cutané du péritoine (membrane séreuse qui tapisse la cavité de l'abdomen et des organes qui y sont contenus). Du moment que l'on fait plus de 10 % de son poids santé, on est obèse.

Les maladies reliées à l'obésité sont: l'hypertension, l'hypercholestérolémie, les troubles digestifs, le diabète, les maladies cardiovasculaires, les troubles rénaux, certains cancers, la constipation, etc., auxquels s'ajoutent généralement des répercussions psychologiques, sociales et économiques difficiles à vivre.

Quelles sont les causes de l'obésité? Certains médecins disent que ce serait dû à un dérèglement hormonal; d'autres, que c'est la faute des gènes ou que nous avons tout simplement des dispositions génétiques à l'embonpoint ou à la maigreur; d'autres que les hormones ne sont pas plus responsables de l'obésité que les gènes. Donc, il faut chercher ailleurs la cause de l'obésité.

Pourquoi est-on obèse? D'après moi, c'est assez simple: on mange trop, on mange mal et on ne bouge pas assez. Si je mange deux ou trois fois plus que je dépense d'énergie, je serai probablement obèse car mon corps ne peut jamais éliminer tous ses déchets. Je lui donne un travail surhumain. Je le surcharge, ce qui fait qu'il ne peut rejeter ses propres déchets dits endogènes, c'est-à-dire les milliards de cellules qui meurent chaque jour. Puisque les déchets ne sont pas éliminés, je prends du poids et je ressens des malaises pas très intéressants.

On va me dire qu'il y a des personnes qui mangent comme des ogres et qui n'engraissent jamais. C'est vrai, mais peut-être font-elles beaucoup d'exercice physique et ont-elles une meilleure élimination. «Tant va la santé, tant va l'élimination», a dit Marcel Chaput, de l'École de la santé. À défaut de souffrir d'obésité, elles sont peut-être aux prises avec de l'arthrite, du rhumatisme, des migraines, des flatulences, du psoriasis, etc., car on ne peut mal manger très longtemps sans avoir des conséquences néfastes.

Je suis dans le domaine de la santé depuis plus de 40 ans – magasin d'aliments naturels, études en trophologie, en naturopathie, conférences, consultations, maison de jeûne – et je puis donc vous assurer, par les nombreux témoignages et les faits vécus et vus, qu'il n'y a pas mille et une manières d'être en santé physique et mentale. Il faut retenir deux choses: l'alimentation saine, selon les **bonnes combinaisons alimentaires**, et l'exercice physique. À cela s'ajoutent le soleil, l'air, l'eau. Je le répète: si l'on mange mal et beaucoup trop et que l'on est inactif, il y a de grosses chances de devenir obèse.

Les pertes quotidiennes de matière et d'énergie, évaluées en calories, s'élèvent à environ 2 300 à 2 400 calories chez l'être humain adulte soumis à une activité physique modérée, soit de

1 600 à 1 700 calories par jour pour l'entretien de la vie elle-même et 750 calories par jour pour un travail modéré (*l'homme dans son milieu*). Donc, si l'on mange 4 000 calories et n'en dépense que 2 400, on aura un surplus de 1 600 calories que l'on stockera tous les jours. Quel résultat au bout d'une semaine, d'un mois, d'un an !

Voici ce que dit le D^r Stephen T. Chang dans son livre *Comment effacer votre ventre* à propos de l'embonpoint : « Quand une personne devient obèse, son organisme tout entier en porte le poids. Cela ne veut pas dire qu'il est mal de faire de l'embonpoint, mais simplement que c'est dangereux pour la santé. Chaque fois que vous prenez deux centimètres de tour de taille, l'organisme doit élaborer environ six kilomètres de vaisseaux sanguins pour alimenter ce tissu supplémentaire. Le sang, qui devrait normalement être dirigé vers la tête et le cerveau, demeure dans la cavité abdominale pour assister les organes digestifs dans leurs tâches accrues. Ces tissus adipeux excédentaires forcent le cœur à dépenser davantage d'énergie. À la suite de ces efforts excessifs, le cœur s'affaiblit progressivement et menace de plus en plus de flancher. En quantité excessive, les graisses et les lipides (lesquels, avec les glucides et les protéines, constituent les molécules structurales de base des cellules) obstruent la circulation dans les artères et les veines. Cette obstruction du système sanguin contribue directement à l'hypertension. Un poids excessif entraîne une fatigue tant mentale que physique. De plus, le déplacement du centre de gravité vers l'avant du corps exerce une pression sur la colonne vertébrale, causant souvent des douleurs dans le bas du dos. L'embonpoint n'a donc pas grand-chose de positif. Mais les méthodes conventionnelles d'amaigrissement sont souvent non seulement difficiles à suivre, mais aussi fort coûteuses ! »

La méthode que je vous propose est toute simple et n'implique aucun déboursé si ce n'est l'achat du présent livre. Par ailleurs, vous économiserez car en mangeant des aliments complets, et ce, de la bonne manière, vous mangerez moins. Qui dit mieux ?

Il faut absolument changer sa manière de vivre : éliminer les mets de la restauration rapide, les hot dogs, les hamburgers, les viandes grasses, les sucres, les boissons gazeuses (il y a 8 cuillerées à thé de sucre dans une canette de 10 oz), les fromages trop gras. Pour compenser, il faut consommer beaucoup de fruits et de légumes frais et crus. On dit que l'on devrait manger environ, par repas, de 75 à 80 % de fruits ou de légumes ainsi que de 20 à 25 % d'amidon et de protéines.

La croyance populaire qui dit que l'on doit manger de la viande pour satisfaire nos besoins protéiques est fausse. Si l'on mange des aliments de source végétale variée et non raffinée, il est impossible de manquer de protéines. Par exemple, dans le riz, il y en a 8 % ; dans la pomme de terre, 11 % ; dans les haricots secs, 28 % ; dans les haricots verts, 14,5 % ; dans le quinoa, 18 %. Selon le D$^r$ Christian Tal Schaller, président et fondateur des Éditions Soleil, « il est presque impossible de rencontrer des cas de déficience en protéines dans notre société occidentale ».

La période de notre vie où nous avons le plus besoin de protéines est l'enfance, lorsque nous sommes en croissance. Pour un bébé, l'aliment idéal est le lait de sa mère. Dans le lait maternel, 5 % des calories sont fournies par les protéines. Les protéines en excès ne sont pas emmagasinées par le corps ; leur élimination donne un surcroît de travail au foie et aux reins et les épuise. Pour faire disparaître les protéines en excès, les reins doivent utiliser de grandes quantités de calcium, ce qui entraîne des pertes de calcium osseux (causant l'ostéoporose) et de fortes concentrations urinaires de calcium, d'où la formation de calculs rénaux. Ce sont surtout les protéines d'origine animale qui créent ces problèmes. Donc, les régimes protéinés (pour perdre du poids) sont néfastes. On peut maigrir, mais on se crée d'autres problèmes.

Pour les obèses, la répétition des régimes fatigue, épuise l'organisme à tel point qu'il réagit exactement à l'opposé des résultats attendus. En effet, notre organisme compte des cellules alpha et bêta. Les unes font entrer le gras et les autres le font sortir. Nos milliards de cellules en viennent à se défendre parce qu'elles ne savent plus quand elles seront nourries adéquatement. Ainsi, au lieu de laisser sortir les gras, elles les gardent et elles gonflent. Résultat : une augmentation de poids et le découragement. Il n'existe pas de pilule ni de régime miracle pour maigrir. **La technique des bonnes combinaisons alimentaires n'est pas une diète : c'est la science ou la connaissance de la compatibilité des aliments entre eux afin de profiter pleinement de la nourriture ingérée.** C'est savoir quoi manger avec quoi pour éviter les maux de tête, les migraines, les gaz, les ballonnements, les maux d'estomac, l'obésité, les indigestions, la maigreur excessive, la constipation, etc. Au lieu de charrier de mauvais nutriments dus à la fermentation et à la putréfaction des aliments dans l'estomac et les intestins, le sang charriera les bons nutriments qui permettront de jouir d'une meilleure santé.

Ce livre ne se veut pas parfait. Il est plutôt une vulgarisation des facteurs naturels de santé. Cependant, quiconque l'adoptera en retirera d'énormes profits : non seulement les obèses, mais aussi le commun des mortels. Sur ce, bonne perte de poids, bonne santé, soyez persévérant, les résultats seront fantastiques. Si, pour une raison ou une autre, vous avez triché, reprenez-vous le lendemain. « Vingt fois sur le métier remettez votre ouvrage. Polissez-le et repolissez-le sans cesse ! » disait Boileau. Ne vous découragez pas. Le Christ a chuté trois fois et s'est toujours relevé.

Maintenant, passons au tableau des six catégories d'aliments. Lisez-le attentivement, car lorsque je dirai qu'une protéine ne se mange pas avec un farineux ou un amidon, vous saurez de quoi il s'agit.

CHAPITRE 2

# Les six catégories d'aliments

*Ce n'est qu'après avoir appris à vivre selon les lois*
*de la physiologie et de la biologie que nous pourrons*
*transformer en chant de bonheur les gémissements de douleur*
*et de désespoir qui montent aujourd'hui de la terre.*

Herbert M. Shelton

Dans ce chapitre, j'explique ce que sont l'alimentation naturelle, le fonctionnement du système digestif et les combinaisons alimentaires. Nous allons ensemble démystifier ce mode de vie et cesser de penser que les naturistes sont des hurluberlus ou des gens qui vivent comme des sœurs cloîtrées ; en d'autres termes, des gens qui se privent beaucoup et qui ne mangent pratiquement rien de potable, rien de flatteur pour le palais. Dans les suggestions de menus et les recettes (voir les chapitres 9 et 10), vous pourrez juger par vous-même et découvrir les bienfaits d'une saine et douce alimentation, ainsi que la joie de vivre en santé.

Sans autre préambule, la définition de l'alimentation naturelle est l'art et la science de s'alimenter sainement afin de prévenir la maladie, de conserver sa santé et de la recouvrer si nous l'avons perdue. S'alimenter sainement signifie assurer quotidiennement à son organisme tous les éléments nutritifs essentiels à son bon fonctionnement. S'alimenter sainement veut aussi dire ne manger que des aliments bons pour la santé, des aliments ayant subi le moins de transformations possible, moins chimifiés, moins carencés et, autant que possible, de culture biologique. Par culture biologique, je veux dire des aliments tels que des fruits et des légumes provenant de sols enrichis par le compost, par l'humus ou par d'autres engrais naturels ; des viandes provenant d'animaux qui n'ont pas été vaccinés ni engraissés aux hormones (comme les poulets nourris aux grains, les œufs de poules qui picorent et qui vivent à l'air libre plutôt que d'être forcées à pondre jour et nuit dans des cages, des poissons provenant de lacs ou de cours d'eau non pollués, etc.). Mais, me direz-vous, il est tout à fait impossible de vivre sainement de nos jours. C'est un peu vrai, cependant nous allons apprendre ensemble à vivre le mieux possible avec ce que nous avons. Nous devons apprendre à faire des choix.

Parlons maintenant des aliments nutritifs essentiels au bon fonctionnement de l'organisme. Toute alimentation équilibrée doit inclure les six catégories d'aliments suivantes : les glucides ou hydrates de carbone, les protides ou protéines, les lipides ou corps gras, les vitamines, les minéraux et les oligoéléments et, enfin, l'eau. Il est à noter qu'il ne faut pas manger toutes les catégories d'aliments dans un même repas. Reprenons chaque catégorie séparément.

**Les glucides ou hydrates de carbone** sont des corps composés de trois éléments : le carbone, l'hydrogène et l'oxygène. Les glucides ou hydrates de carbone, pour être absorbés, doivent être hydrolysés par la digestion en sucres simples, s'ils ne le sont pas déjà. Je vous expliquerai ce phénomène un peu plus loin. Retenez simplement que le terme «hydrolysé» signifie décomposé par l'eau.

**Les protéines ou protides** sont des corps quaternaires, c'est-à-dire composés de quatre éléments : le carbone, l'hydrogène, l'oxygène et l'azote. Ceux-ci sont associés de façon définie pour constituer des substances organiques simples : les acides aminés. Il existe 23 types d'acides aminés différents servant à fabriquer un nombre incalculable de protéines rencontrées chez les êtres vivants. Parmi ces 23 types, il y en a entre 8 et 10 que l'on qualifie d'essentiels et qu'on appelle protéines complètes.

**Les lipides ou corps gras** sont des corps ternaires composés de carbone, d'hydrogène et d'oxygène.

**Les vitamines** sont des substances organiques indispensables que l'organisme ne peut synthétiser. Elles sont nécessaires afin de permettre une bonne utilisation des autres aliments.

**Les minéraux et les oligoéléments** sont des éléments indispensables au bon fonctionnement de l'organisme qui ne peut les synthétiser. Les oligoéléments sont des minéraux que l'on trouve en infime quantité comme le zinc, le cobalt, l'iode, etc.

Peut-être vous êtes-vous déjà demandé comment se classifient les aliments. De prime abord, il faut retenir qu'il n'existe aucun aliment pur, c'est-à-dire qui ne soit composé que d'un seul élément. Il y a toujours un mélange de protéines, de lipides, d'hydrates de carbone, etc. Le principal composant de la denrée désigne sa classification. Par exemple, on classe la fève de soya parmi les aliments protéinés, car son apport en protéines est plus important que celui de n'importe quel autre élément. En effet, la fève de soya contient environ 37 % de protéines et 24 % d'hydrates de carbone.

D'autre part, le pain entre dans la catégorie des hydrates de carbone, car sa teneur en amidon est plus élevée que celle de ses autres constituants. La pomme de terre, bien qu'étant un légume, compte parmi les féculents.

# Tableau des six catégories d'aliments

| | | |
|---|---|---|
| | • Sucres et sirops | Fruits et légumes, miel, sucre brut, sucre blanc, cassonade, sucre de fruit, sucre de canne, sirop de maïs, sirop d'érable, etc. |
| 1. Hydrates de carbone ou glucides | • Farineux ou amidon | Toutes les céréales, c'est-à-dire les farines et leurs dérivés : farine de blé, de soya, de seigle, d'orge, de sarrasin, millet, semoule, quinoa, pain, nouilles, pâtes alimentaires, biscuits, gâteaux, céréales servies au petit déjeuner, riz, boulgour, pommes de terre et légumineuses. |
| | | **Les légumineuses** Pois secs, pois chiches, lentilles, gourganes, haricots jaunes, fèves de toutes sortes (blanches, de Lima, rognons rouges, mungo, etc., à l'exception de la fève de soya qui entre dans la catégorie des protéines). |
| | | **Les petits farineux** Carottes, arachides, panais, navets, betteraves, maïs, citrouilles. |

| | |
|---|---|
| 2. Protéines ou protides | Viandes, œufs, fromages, poissons, noix, fèves de soya, luzerne, tofu, olives noires, graines de tournesol, de sésame, de citrouille, de lin, champignons, etc. Les protéines complètes se trouvent dans la viande, les œufs, le poisson, la luzerne, la fève de soya et le lait humain. |
| 3. Lipides ou corps gras | Les graisses, le beurre, le suif, les huiles, la crème et les margarines, etc. |
| 4. Vitamines | Les fruits, les légumes, les graines et leurs dérivés, le foie de poisson, le foie animal, le lait, le beurre, le jaune d'œuf, etc. |
| 5. Minéraux et oligoéléments | Les minéraux se trouvent sensiblement dans les mêmes aliments que les vitamines. Les oligoéléments sont des minéraux en infime quantité comme le zinc, le cobalt, l'iode, etc. |
| 6. Eau | La meilleure eau que l'on puisse boire est celle qui provient des fruits et des légumes qui contiennent toutes les vitamines et tous les minéraux naturels. Viennent ensuite, en ordre de qualité : l'eau distillée (par un procédé osmotique), l'eau de source, l'eau de puits et, finalement, les eaux de surface traitées. |

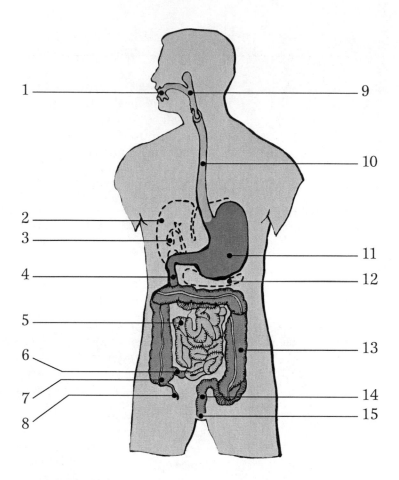

1. Bouche
2. Foie
3. Vésicule biliaire
4. Duodénum
5. Jéjunum
6. Iléon (4, 5, 6 forment l'intestin grêle)
7. Cæcum

8.  Appendice
9.  Pharynx
10. Œsophage
11. Estomac
12. Pancréas
13. Côlon, ou gros intestin
14. Rectum
15. Anus

CHAPITRE 3

# Le fonctionnement du système digestif

*Le chirurgien coupe le résultat d'une vie déréglée.*
Herbert M. Shelton

*Réfléchir la lumière est quelque chose*
*de plus beau que de la recevoir.*
Anonyme

*Vivre ce n'est pas être vivant, c'est bien se porter.*
Martial

*Le soleil est plus longtemps vrai que les nuages.*
Françoise Gaudet-Smet

À présent que vous connaissez les six catégories d'aliments que doit inclure une alimentation équilibrée, il vous faut savoir comment fonctionne le système digestif pour mieux comprendre par la suite le bien-fondé des **bonnes combinaisons alimentaires**.

L'appareil digestif humain, long d'une dizaine de mètres, inclut :

- un tube digestif, qui canalise les aliments de la bouche à l'anus ;
- des glandes digestives, qui sécrètent les sucs digestifs destinés à la transformation chimique des aliments.

Ces sucs digestifs sont : la salive, le suc gastrique, le suc pancréatique et le suc intestinal. La bile n'est pas un suc gastrique parce qu'elle ne contient pas d'enzyme bien qu'elle joue quand même un rôle dans la digestion.

Le tube digestif est constitué de la bouche, du pharynx, de l'œsophage, de l'estomac, de l'intestin grêle et du gros intestin, ou côlon. L'anus est l'ouverture terminale. Le tube digestif, tapissé intérieurement d'une membrane humide appelée muqueuse, n'est pas un appareil tubulaire dans lequel la nourriture «entre par un bout et sort par l'autre». Son fonctionnement est plus complexe que cela (voir à ce sujet l'illustration à la page 34).

À l'intérieur du tube digestif, la fragmentation des aliments est produite par deux sortes d'actions: la première, mécanique (broyage et barattage), est exercée par les dents et par les contractions musculaires le long du tube; la seconde, chimique, est due à l'effet des enzymes contenues dans les sucs digestifs, qui sont un liquide sécrété par des glandes digestives contenant des enzymes. Afin de digérer, l'organisme produit des enzymes adaptées à la nourriture ingérée. Les enzymes sont des catalyseurs ou agents de transformation. La salive contient une enzyme digestive appelée ptyaline. L'estomac renferme, d'une part, des sucs gastriques acides très doux et, d'autre part, des sucs gastriques très forts, l'acide chlorhydrique, par exemple. Ces acides permettent la digestion soit des hydrates de carbone, soit des protéines. L'estomac contient deux enzymes principales: la présure et la pepsine. La présure est essentielle à la digestion du lait, tandis que la pepsine sert à la digestion des protéines. La lipase, une autre enzyme, facilite la digestion des corps gras.

La digestion de certains aliments, tels les féculents, commence dans la bouche, d'où l'importance d'une bonne mastication et d'une bonne insalivation, et se poursuit dans l'estomac. La mastication permet de déchirer, de broyer, de malaxer les aliments afin de les préparer à l'action des sucs digestifs. L'insalivation réduit les aliments en bouillie et permet leur acheminement vers l'estomac en passant par le pharynx et par l'œsophage. Les ennuis débutent au moment où les aliments passent dans l'estomac si on ne s'alimente pas correctement. Je m'explique: nous avons vu que la digestion des hydrates de carbone, c'est-à-dire les farineux, requiert des sucs gastriques très doux, presque neutres, tandis que celle des protéines exige des sucs gastriques très acides.

Si nous consommons ces deux catégories d'aliments au même repas, nos problèmes commenceront à ce moment-là. En effet, pendant les deux premières heures de la digestion, l'estomac, au lieu de sécréter un suc gastrique presque neutre, sécrétera immédiatement un suc gastrique fortement acide qui stoppera instantanément la digestion des amidons (hydrates de carbone). Résultat: fermentation des amidons et putréfaction des protéines, d'où tous les malaises que nous connaissons (gaz, ballonnements, maux de tête, maux d'estomac, migraines, etc.). Les gaz produits par la fermentation sont le bioxyde de carbone, le méthane, l'azote, l'hydrogène sulfuré (senteur d'œufs pourris), l'alcool, etc. Les produits de la putréfaction sont: des poisons comme l'indole, le scatole, les ptomaïnes, et d'autres. Ainsi le sang, au lieu de transporter de bons nutriments, véhicule des déchets.

On dit que les gaz ne sont que partiellement évacués par le rectum. Une partie importante est absorbée dans le sang, particulièrement l'hydrogène sulfuré qui atteint les tissus.

Nous venons de voir que certains aliments, tels que les féculents ou les farineux et les protéines, sont digérés dans l'estomac. Par contre, les sucres et les fruits le sont dans l'intestin. Consommés seuls, ils séjournent peu de temps dans l'estomac. Ils s'acheminent ensuite très rapidement dans l'intestin si rien n'entrave leur sortie de l'estomac. Voilà pourquoi on doit les consommer seuls, au moment de repas séparés, sans quoi on aura des ennuis. En effet, les fruits et les sucres sont digérés dans l'intestin après un court séjour stomacal. Si on mange au même repas du pain, des pommes de terre et de la viande, qui demandent entre trois et quatre heures de digestion (selon la quantité ingérée) et que l'on termine ce même repas par du sucre ou des fruits, ces derniers séjourneront trop longtemps dans l'estomac et ils fermenteront. Il leur faudra attendre que la digestion des autres aliments soit terminée avant de passer à l'intestin. Résultats : gaz, ballonnements, maux d'estomac, constipation, maux de tête, migraines, etc.

Il faut savoir et, surtout, retenir que la ptyaline, l'enzyme digestive contenue dans la salive qui amorce la digestion des féculents ou des farineux **cuits**, n'agit qu'en milieu alcalin. Celle-ci n'est pas assez forte pour digérer de gros amidons crus comme la pomme de terre, la farine d'avoine, etc. Par exemple, si on commence son repas par un verre de jus d'orange et que l'on mange tout de suite après des farineux (du pain, des céréales, etc.), la digestion se fera difficilement ou pas du tout car le jus d'orange aura acidifié la salive et l'enzyme digestive ne se produira pas. Elle n'amorcera pas la digestion des amidons, c'est-à-dire le pain et autres aliments du même genre. Voilà pourquoi il faut boire le jus de fruits au moins une demi-heure avant les féculents ou les protéines car cela prend environ 20 à 30 minutes pour que la salive redevienne alcaline.

Lorsque la nourriture est mangée comme il se doit et que tout est bien combiné, les aliments passent de l'estomac à l'intestin grêle sans encombrement ou sans problème. Le suc intestinal sécrété par les innombrables glandes intestinales contenues dans la paroi s'ajoute au suc pancréatique et à la bile pour achever la transformation chimique de la digestion. La bile, substance alcaline, joue un rôle important dans la digestion et l'absorption des graisses. Elle les émulsionne, c'est-à-dire qu'elle les fragmente en fines gouttelettes et facilite ainsi l'action des lipases. Elle neutralise l'acidité du chyme à sa sortie de l'estomac, ce qui rend possible l'action des enzymes pancréatiques et intestinales. Précisons que le chyme est la nourriture réduite en bouillie.

En termes plus simples, la bile sert à neutraliser le bol alimentaire ou le chyme acide lors de sa sortie de l'estomac. Lorsque la vésicule biliaire est enlevée, la digestion devient plus difficile ou plus lente, car la bile qui y est contenue est plus concentrée que lorsqu'elle sort directement du foie. Par conséquent, elle est plus efficace pour neutraliser le bol alimentaire. Voilà pourquoi il faut bien s'alimenter afin de ne pas devoir subir une telle ablation.

« Les échanges se font au niveau de l'intestin grêle ; le sang et la lymphe viennent chercher les nutriments nécessaires au maintien de la vie, par conséquent, à celui de la santé. Les matières non digérées passent dans le gros intestin, ou côlon. En cours de route, ces résidus alimentaires sont déshydratés grâce au gros intestin qui a la propriété d'absorber l'eau. Le contenu du gros intestin n'est pas digestible. Les substances organiques qui s'y trouvent ne sont pas absorbables. Au cours de leur acheminement dans le côlon, ces matières sont décomposées par une flore intestinale bactérienne très abondante qui vit en symbiose dans le tube digestif. Cette décomposition des substances organiques par des bactéries se nomme putréfaction. Ces bactéries, tout en se nourrissant de matières organiques, synthétisent certaines substances (par exemple, les vitamines) utiles à l'intestin. Les résidus du côlon inutiles à l'organisme forment les excréments (ou matières fécales) et sont éliminés par le relâchement du sphincter anal, un principe appelé défécation. Voilà résumé le principe de la digestion. » (*L'homme dans son milieu.*)

Avant de clore ce chapitre, j'aimerais vous reparler de la mastication des aliments. Afin de manger moins et être bien nourri, il faut manger lentement, bien « insaliver » et bien mastiquer les aliments, c'est-à-dire les réduire en menus morceaux, ce qui permettra aux enzymes de bien jouer leur rôle.

À défaut d'une mastication adéquate, une bonne partie des aliments sera absorbée, mais non assimilée. Ainsi, le corps exigera deux fois plus de nourriture et les aliments ingurgités, mais non assimilés, iront épaissir les dépôts adipeux déjà accumulés par des années ou par des mois d'alimentation fautive. Je vous le répète, mastiquez plusieurs fois les aliments avant de les avaler.

CHAPITRE 4

# Les combinaisons alimentaires

## Tableau des combinaisons alimentaires

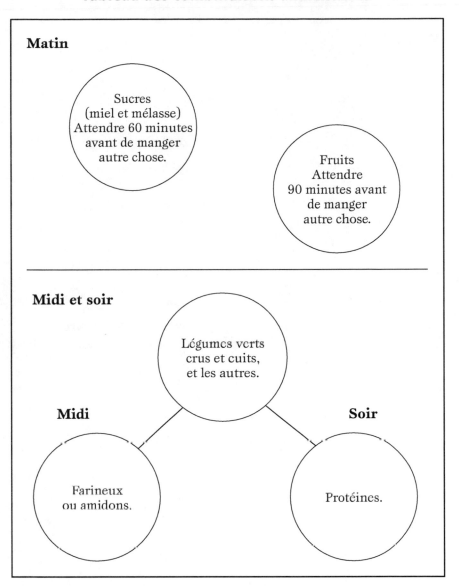

*Nous sommes ce que nous mangeons. Ce qui veut dire,*
*par voie de conséquence, que l'alimentation est la plus*
*grande force de santé et de guérison qui soit.*

Marcel Chaput (*L'école de la santé*)

Nous avons vu que les sucres sont digérés au niveau de l'intestin. De ce fait, ils doivent être mangés seuls lorsque l'estomac est vide afin de prévenir les fermentations stomacales. Il faut donc attendre une heure avant de consommer autre chose. Pour ceux et celles qui aiment le miel, un aliment très énergisant, il est conseillé de le manger ou de le boire (1 c. à soupe [15 ml] dans 1 tasse [250 ml] d'eau tiède) le matin, à jeun, parce qu'il n'y aura pas d'autres moments dans la journée pour le consommer adéquatement, c'est-à-dire pour en retirer tous les bienfaits. La mélasse brute, qui est ou était conseillée pour vaincre la constipation, est à oublier si vous adoptez la **technique des bonnes combinaisons alimentaires**. Les fruits sont eux aussi digérés dans l'intestin ; on doit également les manger seuls et à jeun, sauf quelques exceptions. Cette fois, il faut cependant patienter environ 90 minutes avant de manger autre chose. Manger des fruits en même temps qu'un autre aliment, comme le pain, des crêpes et de la viande, cause de la fermentation, ce qui entraînera inévitablement des problèmes de digestion.

Il faut rééduquer notre goût. Nous sommes tellement habitués à ajouter du sucre, du sel à tout ce que nous mangeons que nous ne connaissons plus le goût véritable des fruits et des légumes que nous ingérons.

Passons maintenant de l'autre côté de la grande ligne horizontale du tableau. Les légumes verts crus doivent de préférence précéder et accompagner un repas de féculents ou de protéines. Je vous expliquerai plus loin pourquoi on devrait toujours commencer un repas par des crudités. On ne doit pas manger de pommes de terre ou des tubercules, de farineux tels que le pain, le riz ou les pâtes alimentaires en même temps que la viande, le poisson et les autres protéines de source animale. Remarquez que, dans le tableau, il n'y a pas de lien entre les farineux et les protéines.

Résumons tout cela : les sucres (miel, sucre blanc, sucre brut, sucre de canne, sirop d'érable, etc.) doivent être mangés seuls. On doit attendre environ 90 minutes avant de manger autre chose. On doit ingérer les fruits seuls, sans miel, sans pain, sans sucre et sans viande. Il faut les consommer nature, à l'exception des agrumes tels que les oranges, les tangerines, les clémentines, les citrons, les pamplemousses, etc., qu'on peut accompagner de noix ou de fromage de type cottage ou à la pie. Il ne s'agit cependant pas d'une combinaison idéale. On peut manger les fruits doux tels que les bananes et les dattes avec du yogourt nature. Après avoir mangé des fruits seuls, il faut attendre environ 90 minutes avant d'absorber des légumes, des féculents ou des protéines.

Par contre, les légumes crus ou cuits se mangent très bien avec des féculents et des protéines. On ne doit pas manger de pommes de terre ni aucun autre féculent avec la viande, le poisson et les diverses protéines animales. La pomme de terre, si elle est certainement un légume, est avant tout considérée comme une importante source de féculents.

Dans le tableau des combinaisons alimentaires, nous vous suggérons de manger des fruits au petit déjeuner, des féculents à midi et des protéines le soir. La raison est fort simple : les fruits sont dépuratifs et continuent la désintoxication de la nuit. Ils préparent donc la voie aux autres repas. Si l'on ne prend pas l'habitude de consommer ses fruits le matin, il est probable que l'on n'en mangera pas de la journée, puisqu'il ne faut pas les manger en même temps que les autres aliments. Le matin, mangez donc des fruits de préférence frais ou séchés. Consommez-en à votre faim. On suggère de manger les féculents ou farineux le midi, étant donné qu'ils sont moins longs à digérer que les protéines. Ainsi, l'estomac sera vide pour le souper puisque nous avons presque tous l'habitude de prendre nos repas à heure fixe, appétit ou pas. Le laps de temps qui s'étend entre le souper et le petit déjeuner permet la digestion des protéines qui peuvent mettre de quatre à six heures à sortir de l'estomac. Toutefois, en mangeant selon les BCA, la digestion sera plus rapide. Vous serez donc plus en forme si vous prenez l'habitude de manger des fruits au petit déjeuner, d'autres fruits encore en guise de collation durant l'avant-midi ; une salade de crudités et des féculents le midi ; une demi-heure avant le repas du soir, un verre de jus de légumes fait à la centrifugeuse, une salade de crudités avec les protéines (viande, poisson, poulet, œufs, fromages, noix, tofu, etc.) auxquelles on peut ajouter des légumes cuits si on en a envie. On remarquera que le repas ne se termine pas par un dessert, gâteau ou fruits.

Notons aussi qu'il est déconseillé de boire en mangeant, car l'eau dilue les sucs gastriques. Par conséquent, cela ralentit la digestion. L'idéal demeure de ne pas boire à la fin du repas. Si on a mangé beaucoup de fruits ou beaucoup de légumes crus, on n'aura pas soif. Ce n'est qu'une habitude à prendre. Il ne faut surtout pas boire de café, de thé ou de lait. On doit les remplacer par des infusions, des tisanes ou des cafés de céréales. Il en sera question plus loin dans cet ouvrage.

À présent, expliquons pourquoi il faut toujours commencer un repas en mangeant des crudités. Après un repas composé d'aliments cuits (potage, viande, légumes), le nombre de globules blancs contenus dans le sang passe de 7 000 par millimètre cube (taux normal) à 10 000 par millimètre cube en 10 minutes, puis à 30 000 en 30 minutes. Leur nombre redevient normal après 90 minutes. Le découvreur de ce phénomène, le docteur Rudolf Virchow (1821-1902), l'a baptisé leucocytose. Le médecin prussien a compris que cette augmentation du nombre de globules blancs accompagne toute inflammation, en particulier les maladies infectieuses. Elle peut être considérée comme une réaction défensive passagère contre un élément étranger à l'organisme. D'autre part, le docteur Virchow a observé qu'après un repas composé uniquement de végétaux crus, cette hyperleucocytose ne se produisait pas. Le même phénomène peut être observé lorsqu'on mange des aliments cuits après en avoir déjà ingéré *crus*, un fait important à souligner. Tout se passe comme si les aliments naturels et vivants (dont les éléments n'ont pas été tués par la cuisson) n'étaient pas étrangers à l'organisme, puisqu'ils ne provoquent pas une réaction défensive comme le font les denrées cuites.

Consommer des denrées crues avant les denrées cuites assure une bonne digestion et neutralise les sensations de fatigue et de somnolence ressenties très souvent après un repas composé uniquement d'aliments cuits. Les plus fortes leucocytoses sont celles enregistrées après l'ingestion d'alcool, de vinaigre, de sucre blanc, de produits en conserve et, évidemment, d'aliments cuits chauds ou froids. En résumé, les globules blancs, ou leucocytes, défendent l'organisme contre tout agresseur. Par exemple, lorsqu'on se blesse, une armée de globules blancs se précipitent sur la plaie et se multiplient afin de détruire les microbes, c'est-à-dire les agresseurs. L'alcool, le vinaigre, les aliments cuits, des aliments de second ordre, sont donc des agresseurs. Les globules blancs prolifèrent afin de défendre l'organisme contre eux. Si on répète ces erreurs à tous les repas, le sang comptera davantage de globules blancs que de globules rouges et l'anémie s'installera.

Autre chose importante à déterminer : nous savons que les glucides ou les hydrates de carbone doivent être hydrolysés par la digestion en sucres simples afin d'être absorbés. Les seuls sucres simples que l'on trouve dans la nature à l'état pur et qui ne requièrent aucune transformation digestive sont le sucre contenu dans les fruits et le miel. L'organisme ne doit dépenser aucune énergie nerveuse afin de les convertir en sucres simples, car ils le sont déjà. Les autres hydrates de carbone ou glucides, les farineux par exemple, sont réduits par la ptyaline (l'enzyme digestive contenue dans la salive) en maltose, un sucre complexe. Le maltose subit à son tour dans l'intestin l'effet de la maltase qui le réduit enfin en sucre simple : le glucose. Ce processus exige une dépense d'énergie de l'organisme. Voilà pourquoi il est faux de prétendre que l'on augmente son énergie en mangeant du chocolat ou des sucreries. La dépense d'énergie nerveuse que doit fournir l'organisme afin de convertir ces sucres complexes en sucres simples équivaut à l'énergie que procurent ces sucres. Leurs actions se neutralisent. On ne le répétera jamais assez : les meilleurs sucres sont contenus dans le miel et les fruits frais ou séchés, sans aucun additif. Il ne faut cependant pas les manger n'importe quand. À ce sujet, consultez le tableau des combinaisons alimentaires.

Je viens de vous expliquer la manière idéale de vous alimenter. Adoptez-la et vous vivrez en santé. Fini les maux de tête, la constipation, les migraines, l'obésité, etc. Bien entendu, il ne sera peut-être pas facile de modifier de mauvaises habitudes acquises depuis tant d'années et surtout de changer sa façon de penser, mais la vie nous confronte à un choix : fonctionner à 50 % de son potentiel en traînant nombre de malaises ou bien fonctionner à 100 % grâce à une alimentation saine, naturelle et succulente.

Être bien dans sa peau, n'est-ce pas agréable? Une petite suggestion: répétez-vous des paroles positives comme:

- Les **bonnes combinaisons alimentaires** sont faciles de compréhension et d'application et m'apportent une meilleure santé et le poids désiré;
- Visualiser le poids voulu, une santé sans maladies;
- Nous sommes esprit et corps.

Pour partir du un bon pied et tenir bon plus d'une semaine, je vous propose de changer vos habitudes alimentaires en trois étapes.

1. Les déjeuners

   Mangez des fruits à satiété le matin, vous pouvez en manger d'autres l'avant-midi, arrêter 90 minutes avant le dîner. Ne vous préoccupez pas des repas du midi et du soir. Acclimatez-vous, faites cela pendant deux à trois semaines afin de vous sentir à l'aise avec cette nouvelle manière de commencer votre journée. Important: si vous n'êtes pas habitué à manger des fruits, il se peut que vous ayez une diarrhée. Il ne faut pas vous affoler.

2. Les dîners

   Suivez ensuite les **bonnes combinaisons alimentaires** pendant deux à trois autres semaines.

3. Les soupers

   Vous avez assimilé les déjeuners, les dîners et vous complétez avec les soupers, ce qui veut dire qu'en deux ou trois mois vous posséderez et pratiquerez parfaitement la **technique des bonnes combinaisons alimentaires** et vous serez satisfait(e) de vous. Bravo!

Toutefois, si vous avez la force de changer radicalement, al-lez-y. Tout peut se faire. Dites-vous : « Un but précis est le point de départ de tout aboutissement. »

## Exemple d'un menu idéal pour une santé florissante

Lever : 1 tasse (250 ml) d'eau avec 15 à 20 gouttes de chlorophylle.

Petit déjeuner : fruits de préférence frais, à votre faim (vous pou-vez manger jusqu'à 2 lb [1 kilo] de fruits) : raisin, pruneau, can-taloup, banane, pomme, papaye, salade de fruits, etc. Notez que les fruits séchés, à cause de leur grande teneur en sucre, font prendre du poids.

Collation : un autre fruit, si vous avez faim.

Midi : salade de crudités ou simplement des tranches de con-combre, des branches de céleri, etc., avec des féculents : portion de riz, de légumineuses ou de pommes de terre au four avec des légumes cuits (pois verts, haricots verts, betteraves) si vous le dé-sirez.

Collation : une branche de céleri, une carotte, etc., si vous avez faim.

Vingt minutes avant le souper : 1 tasse (250 ml) de jus de légumes fait à la centrifugeuse.

Souper : salade de crudités avec protéines : poulet, poisson, œufs, etc., avec des légumes cuits.

Remarquez qu'il n'y a pas de dessert. Si, dans la soirée, vous avez faim et que vous pensez que votre digestion est terminée, une pomme vous aidera à dormir, grâce au brome qu'elle contient.

CHAPITRE 5

# Ce que l'on doit manger et ce que l'on doit éviter

Vous voulez vivre en santé et en beauté? Mettez en pratique ce qui suit.

À présent que vous connaissez les six catégories d'aliments que comprend toute alimentation équilibrée, que vous savez comment fonctionne le système digestif, quand et comment manger les aliments, c'est-à-dire quelles sont les **bonnes combinaisons alimentaires**, il vous faut connaître la différence entre les aliments sains ou naturels et les aliments nocifs ou nuisibles à la santé. Pour ce faire, repassons en revue les différentes catégories d'aliments.

## Les glucides ou les hydrates de carbone

De tous les sucres, le meilleur provient des fruits. Toutefois, ceux-ci doivent être mûris à point. Vient ensuite le miel. On ne doit pas le consommer avec d'autres aliments, pas même avec une boisson chaude prise à la fin d'un repas. Souvenez-vous des **bonnes combinaisons alimentaires**. Il est préférable de prendre le miel dilué dans 1 tasse (250 ml) d'eau chaude, non pas bouillante, ou dans une tisane lorsque l'estomac est vide (par exemple, au lever). Il faut ensuite attendre une heure avant de manger quoi que ce soit d'autre. Toutefois, après avoir bu un liquide, de 20 à 30 minutes suffisent. Le miel naturel non pasteurisé contient de nombreuses vitamines et des oligoéléments. Le miel naturel est un aliment énergétique. Il constitue aussi un antiseptique ou bactéricide naturel. Appliqué sur des plaies, blessures ou ulcères, il les nettoie et répare les tissus lésés. On doit éviter le miel pasteurisé qui renferme un pourcentage d'eau ainsi qu'un antiferment chimique. De plus, la pasteurisation détruit les enzymes du miel et enlève une grande partie de sa valeur nutritive.

## Les farineux ou les féculents

Il ne faut manger que des céréales complètes si nous voulons donner à notre organisme tous les minéraux et toutes les vitamines dont il a besoin. Il faut donc bannir les farines blanches et leurs dérivés : le pain blanc, les brioches, les biscuits, toute la gamme des céréales à déjeuner, le riz blanc, etc. On doit remplacer ces aliments par des farines de blé entier, de soya, de sarrasin, de seigle, etc., qui ne sont pas chimifiées ; ou par des céréales du genre granola (sans fruit toutefois), de même que l'on doit substituer au riz blanc du riz brun ou entier.

## Les protides ou les protéines

Il faut choisir la viande la plus maigre qui soit. Elle doit être bouillie, rôtie ou cuite à la vapeur, jamais cuite dans le beurre, dans l'huile ou dans un autre corps gras. Il en va de même pour **le poulet et le poisson**. Procurez-vous du poulet biologique, élevé à picorer librement des grains. Achetez des œufs de poules nourries biologiquement, c'est-à-dire de la volaille qui ne vit pas en cage et que l'on ne force pas à pondre nuit et jour. Ces œufs peuvent être bruns ou blancs. Tout dépend de la couleur de la poule. Vous en trouverez chez les marchands d'aliments naturels. On doit acheter du fromage maigre, non coloré. **Le fromage cottage** ou à la pie est indiqué. Il existe des fromages de type mozzarella dont la teneur en gras n'est que de 15 % ; il y en d'autres à 7 % et même moins. Ils accompagnent très bien une salade et servent à gratiner. Attention aux poissons, car nos eaux sont presque toutes polluées par des déchets de toutes sortes. Souvenez-vous des empoisonnements au mercure. Je ne veux pas sembler alarmiste, mais les faits parlent d'eux-mêmes.

Parmi toutes **les noix**, on conseille les amandes blanches crues car elles sont moins acidifiantes que les autres. **Le tofu** est une source de protéine entièrement végétale vendue sous la forme d'un fromage blanc grisâtre. Fabriqué à partir de la fève de soya, on le surnomme «fromage de soya». **Les champignons, les olives noires, la luzerne, la fève de soya, les noix, les graines de tournesol, de sésame, de citrouille et de lin contiennent aussi des protéines entièrement végétales.** On sait à présent que l'on trouve les protéines complètes dans les protéines animales, le lait humain, les œufs, la luzerne et la fève de soya. On conseille donc aux végétariens de diversifier leurs sources de protéines végétales afin que leur alimentation inclue tous les acides aminés essentiels à la santé (par exemple, un mélange de graines de tournesol, de sésame, de citrouille et de lin). On peut en ajouter quelques cuillerées à soupe à la salade. On achète **la luzerne germée** à tous les comptoirs de légumes. On peut même en faire germer chez soi. À poids égal, la luzerne contient plus de protéines que la viande. On doit cuire **les œufs** mollets, les pocher ou les faire bouillir durant deux minutes, ou alors les faire cuire dans une poêle qui ne nécessite aucun gras. Le blanc doit toujours être cuit, tandis que le jaune doit demeurer liquide parce qu'il renferme de la lécithine et du cholestérol. Lorsque le jaune est cuit dur, la lécithine est détruite et il ne reste plus que le cholestérol. Le blanc cru tue la biotine (vitamine H) de notre organisme.

*Très important:* On ne doit jamais manger deux ou trois protéines au même repas, une seule suffit. On doit aussi réduire sa ration de viande. En outre, il faut se méfier des diètes de protéines animales.

## Les lipides

De tous les corps gras, les meilleurs pour la santé sont les huiles mécaniquement pressées. Il ne faut jamais chauffer les huiles, même les huiles vierges de première pression à froid. Toutes les huiles chauffées contiennent du cholestérol. Il en va de même pour le beurre, la margarine et tout autre corps gras. Sous l'effet de la chaleur, la glycérine, qui est une composante normale de tout gras, se transforme en acroléine, qui est un poison (Marcel Chaput, *L'école de la santé*). Nous en reparlerons plus loin.

## Les vitamines et les minéraux

Afin de consommer toutes les vitamines et tous les minéraux nécessaires à l'organisme, on doit manger beaucoup de fruits et de légumes crus. On sait que la cuisson détruit environ 40 à 50 % de leur valeur nutritive. Plusieurs vitamines sont volatiles, c'est-à-dire qu'elles s'évaporent facilement. En ce qui concerne les minéraux, si on jette l'eau de cuisson, on les perdra presque tous, car ils sont solubles dans l'eau. Par conséquent, l'évier sera mieux alimenté que nous ! On conseille de faire cuire les légumes à la vapeur, dans une marguerite. On peut se la procurer dans tous les rayons d'articles de cuisine des grands magasins. Pour ce qui est des produits surgelés, on perd 25 % de leur valeur nutritive.

## L'eau

L'eau est essentielle à la vie et est présente dans toutes les cellules du corps. Elle représente 70 % du poids du corps humain. L'organisme comble son besoin en eau (8 ou 12 tasses [2 ou 3 litres] par jour) par l'eau sous forme de boisson et celle contenue dans les fruits et les légumes. L'eau sert à véhiculer les substances nutritives ainsi que les déchets du métabolisme. Il faut donc boire la meilleure eau possible. Il faut également éviter le thé, le café, le lait, le chocolat chaud ou froid.

On doit aussi rayer de son alimentation les épices fortes telles que le poivre et la moutarde qui sont des excitants et des agents irritants pour le tube digestif. Les vinaigres blanc, de cidre, de vin, etc., doivent être bannis de l'alimentation. Le vinaigre, le citron et tout autre acide utilisé dans les vinaigrettes arrêtent brusquement la sécrétion chlorhydrique et font obstacle à la digestion des protéines consommées au cours du repas.

Nous avons vu que les aliments les plus naturels sont ceux qui poussent dans les jardins cultivés selon la méthode biologique : les fruits, les légumes, les noix et les grains. Viennent en second lieu les animaux nourris de grains et de fourrage naturels. Sont aussi naturels les aliments composés d'ingrédients exclusivement naturels. Parlons à présent des aliments les plus courants de notre alimentation quotidienne.

## Le pain

Le pain de céréale entière acheté dans un magasin d'aliments naturels est fait avec la farine de blé entier ou de seigle, etc., non chimifiée et de levain. On y ajoute un peu de sel de mer ainsi que de l'eau de source. Certains boulangers ajoutent encore du sucre brut, de l'huile de tournesol et de la levure pour remplacer le levain. Toutefois, il est préférable de manger du pain fait avec du levain car, selon certaines recherches, la levure ajoutée aux céréales produit de l'acide phytique qui est l'une des causes de la déminéralisation. Ce pain contient tous les éléments nutritifs du blé, du seigle, etc., nécessaires à la santé. Excellents au goût, ces pains ne constipent pas. Par contre, le pain blanc n'a aucune valeur nutritive parce qu'il est fait avec de la farine blanche blutée à l'excès, à laquelle on ajoute une vingtaine de produits chimiques et quelques vitamines synthétiques qui ne sont d'aucune utilité. De plus, il est insipide. Il engendre la constipation et dérobe à l'organisme ses provisions de vitamines et d'oligoéléments. Afin qu'un aliment soit digéré et assimilé par l'organisme, il doit être complet. Sinon, l'aliment incomplet puise dans les réserves de l'organisme les vitamines et les minéraux nécessaires à la digestion. On doit conserver au réfrigérateur les pains et les farines de céréales entières, car ils ne contiennent aucun agent de conservation.

À Montréal (3960, avenue de Courtrai, dans le quartier Côte-des-Neiges), la boulangerie La Fournée Inewa fabrique des pains au levain d'une grande valeur nutritive et d'une saveur exquise : point n'est besoin d'être naturiste pour les adopter. C'est du pain 100 % intégral. On y produit, entre autres, des pains de seigle et kamut, sarrasin, épeautre, etc.. Le levain est produit avec la même farine avec laquelle le pain sera fait. Il est préférable de garder ces pains de trois à quatre jours en dehors du réfrigérateur pour qu'ils arrivent à pleine maturité et, ce faisant, développent un meilleur goût. La spécialité de la maison est un pain sans levure et sans blé. Ces pains sont vendus dans tous les magasins d'aliments naturels.

## Le sel

Le sel de mer contient de l'iode naturel et des oligoéléments. Il est le résidu de l'évaporation de l'eau de mer. Le sel gemme, soit le sel vendu dans toutes les épiceries, est tiré des mines souterraines. À l'origine, c'était du sel marin, mais il a perdu son iode naturel. De plus, il est ultra raffiné. Il ne contient donc plus aucun oligoélément. Si l'on tient mordicus à saler ses aliments, il vaut mieux employer du sel de mer. Mais il est préférable de s'abstenir de la salière. On peut remplacer le sel par des fines herbes : fenouil, origan, marjolaine, thym, menthe, carvi, basilic, etc. On trouve en outre sur le marché un assaisonnement végétal avec ou sans sel de mer appelé Herbamare.

## Le sucre

Le sucre provient de l'évaporation du jus de canne à sucre. Si on le raffine, c'est-à-dire si on lui retire ses oligoéléments et ses autres matières organiques, on obtient un produit chimique appelé ironiquement le « sucre blanc » qui constitue un poison pour l'organisme et qui est décalcifiant. Au contraire, le sucre brut contient quantité d'oligoéléments et certaines vitamines. On doit l'employer de préférence au sucre blanc. Toutefois, il faut en restreindre l'usage.

## La mélasse

Bien qu'elle soit un produit naturel, il ne faut pas en abuser. La mélasse brute est certainement la seule prescrite. La meilleure manière d'en consommer est d'en prendre 1 cuillère à soupe (15 ml) diluée dans 1 tasse (250 ml) d'eau chaude le matin à jeun, 30 minutes avant le petit déjeuner. On ne doit jamais manger de mélasse avec des féculents. Il faut donc la bannir absolument en tartinade sur du pain, des crêpes, des biscuits. Sinon, on s'empoisonnera avec les effets de fermentation. Les personnes qui ressentent des rages de sucre ont le foie engorgé. Devenu naturiste, on ne consommera plus qu'une petite quantité de sucre car on aura rééduqué son goût. La mélasse brute non sulfurisée contient environ 50 % de fructose et est donc facilement assimilable, de nombreuses vitamines, en particulier celles du groupe B, ainsi que des sels minéraux. La mélasse brute exerce également une action bienfaisante sur le péristaltisme de l'intestin, facilitant l'élimination des matières fécales. La mélasse, comme le sucre, vient de la canne à sucre que l'on lave, que l'on hache et que l'on presse. On la fait bouillir jusqu'à l'évaporation d'une partie du jus. Il se forme alors des cristaux de sucre dans la mélasse, laquelle est passée dans une centrifugeuse pour séparer le sucre de la mélasse.

## Le beurre

On peut remplacer le beurre de fabrique par de la margarine. On doit cependant se méfier des margarines faites à base d'huiles hydrogénées, même si leur pourcentage est peu élevé. L'hydrogénation a pour but de modifier la chaîne moléculaire du gras pour faire passer l'huile de l'état liquide à l'état solide, ce qui produit un taux élevé de cholestérol. On peut tartiner son pain avec du beurre de sésame, de noix, d'arachide et avec du pâté végétal.

## Le beurre d'arachide

Le beurre d'arachide est très nutritif lorsqu'il est fait à partir d'arachides complètes auxquelles aucun additif chimique n'a été ajouté. Il contient plusieurs acides aminés essentiels, des matières azotées et grasses, de même que plusieurs vitamines importantes (A, B et E). Par contre, le beurre d'arachide de type commercial contient de l'huile hydrogénée, de l'eau, du sucre blanc, du sel raffiné ainsi que des agents chimiques de conservation. Ce beurre d'arachide contribue à faire hausser le taux de cholestérol dans le sang.

## Les pâtes

Les pâtes alimentaires valent ce que vaut la farine qui a servi à leur préparation. Elles possèdent donc les mêmes caractéristiques que le pain. De même qu'il faut éviter le pain blanc fait avec de la farine raffinée et à laquelle on a ajouté de nombreux produits chimiques, il faut éviter les pâtes faites à partir de ces farines. Celles que l'on offre dans les marchés d'aliments naturels sont fabriquées avec différentes céréales et avec différents légumes.

## Les huiles végétales

Étant donné leur haute teneur en acides gras non saturés, les huiles naturelles, c'est-à-dire provenant d'une première pression à froid ou mécaniquement pressées, doivent entrer dans l'alimentation quotidienne, et plus particulièrement dans les salades. On les trouve en grande variété : soya, maïs, tournesol, olive, safran, germe de blé, et le reste. Délicieuses au goût, elles contribuent au combat contre l'accumulation de cholestérol dans les vaisseaux sanguins grâce à la lécithine qu'elles contiennent. Par contre, on doit se méfier des huiles végétales commerciales, car la plupart d'entre elles sont extraites à la chaleur ou par des procédés chimiques, ce qui sature les gras, détruit la lécithine et produit du cholestérol. Il ne faut jamais chauffer les huiles. On doit donc bannir la friture.

## Le riz

Non seulement le riz entier est-il le meilleur pour la santé car il contient des vitamines et des minéraux, mais il l'est aussi au goût. Le riz blanc ne contient que de l'amidon. Toute graine céréalière est formée d'une coque, d'un germe et d'une partie centrale. Le germe et la coque sont riches en minéraux et en oligoéléments (manganèse, cobalt, cuivre, zinc, fer et ferments). Le germe contient les vitamines A et E ; la coque, les vitamines du complexe B ainsi que la vitamine F et les huiles ; le centre est surtout formé d'amidon.

## Le thé

Le thé contient de la théine ou de la caféine qui sont des agents cancérigènes. Il doit donc être remplacé par des tisanes. Si l'on veut absolument avoir une saveur de thé, je vous conseille la tisane sans caféine Caf-Lib, un mélange composé à 100 % d'herbes sans caféine et à saveur naturelle de thé. Il se présente en petits sachets qu'on n'a qu'à ébouillanter et à boire. Il s'agit d'une excellente boisson. Il est vendu dans tous les magasins d'aliments naturels et les boutiques spécialisées.

## Le café

Nous le savons presque tous, le café contient de la caféine qui est cancérigène, un excitant pour le cœur et un poison pour les nerfs. L'humain moderne a besoin de coups de fouet que lui infligent de nombreuses tasses de café pour fonctionner. Les cafés naturistes préparés à partir de fèves de soya, de grains de céréales rôties ou de fruits séchés sont exquis et inoffensifs pour le système nerveux. On en trouve plusieurs sortes sur le marché qui varient selon leur composition. Je me permets de vous suggérer le Caf-Lib qui est fait d'extrait d'orge rôti, de seigle, de chicorée et de racines de betterave. Savoureux, le Caf-Lib est 100 % naturel. C'est un substitut de café instantané. Il est en vente dans tous les magasins d'aliments naturels.

## Le lait

La raison pour laquelle nous ne devons pas boire de lait est la suivante : à mesure que l'on vieillit, notre organisme produit de moins en moins de présure, une enzyme qui en facilite la digestion. Voilà pourquoi les adultes ne doivent pas boire de lait. Qui plus est, il produit beaucoup de mucus, cause de sinusite, de maux d'oreilles, de surdité. Si l'on tient absolument à boire du lait, il faut le boire seul. Lorsqu'il pénètre dans l'estomac, le lait se coagule en grumeaux qui tendent ensuite à enrober les aliments, les isolant ainsi des sucs gastriques, ce qui reporte leur digestion après celle du lait caillé. Le lait au chocolat est aussi à bannir car en plus du lait, il y a le chocolat qui est un excitant pour les nerfs et qui contient de la théobromine, un agent cancérigène.

## Les céréales

Je vous conseille de toujours vous servir de **céréales entières**, tant pour le pain que pour toutes les autres pâtisseries. Les céréales entières contiennent des minéraux, des oligoéléments (zinc, cobalt, cuivre, etc.) et des vitamines A, B et E. Le raffinage enlève et fait perdre au moins 70 % des substances les plus nutritives comme le son, le germe, l'enveloppe, ne laissant que le centre du grain qui ne renferme que l'amidon. On dit souvent que le pain complet est plus engraissant que le pain blanc. C'est à moitié vrai. La différence de calories entre une tranche de pain blanc de 30 g (82 calories) et une tranche de pain complet de même poids (73 calories) n'est pas énorme. Ce qui change, c'est que le pain complet étant plus nourrissant, on en mange moins. Il en va de même pour le coût. Beaucoup de gens prétendent que le pain complet acheté dans une boutique d'aliments naturels est plus cher que le pain blanc. Le coût à l'achat est plus élevé, mais il est plus économique à l'usage parce qu'on en consomme moins ; de plus, on se nourrit plus adéquatement.

**Le blé entier** contient plusieurs vitamines du groupe B, de la vitamine E, de la vitamine K (coagulant du sang) ainsi que des minéraux : calcium, magnésium, potassium, phosphore ; des oligo-éléments comme le zinc, le fer, la silice. Cette dernière se trouve à la périphérie (autour) des fruits et des grains, d'où l'importance de ne pas décortiquer le blé avant d'en faire du pain. Dans le blé entier, pour 100 g de farine, il y a 9,5 g de fibres contre 3,15 g dans la farine blanche (synonyme de constipation). La silice est très importante dans le durcissement normal et naturel des tissus : muscles, dents, os, ongles, cheveux, poils, etc. Alors ceux qui ont des problèmes d'ongles cassants, de perte de cheveux, etc., vous savez pourquoi maintenant.

**Le kamut**, dont on entend de plus en plus parler, appartient à la famille des blés. Il offre, dit-on, une source énergétique plus élevée que le blé ordinaire. Cette céréale aurait été cultivée dans la vallée du Nil.

**L'épeautre**, une céréale cultivée en Europe depuis plus de 9 000 ans, contient, dit-on, plus de protéines, de graisses et de fibres brutes que le blé.

**Le seigle** est une céréale qui aide à la fluidité du sang. Il faut l'utiliser complète ou presque. Levant moins que le pain complet, le pain de seigle est un peu plus dur à digérer. Il faut le consommer rassis. Il contient certains minéraux comme le fer, le calcium, etc.

**Le millet**, une céréale méconnue, est riche en hydrates de carbone et il contient une bonne proportion de protéines et de lipides. Selon la sorte de millet, sa teneur en protéines varie de 6,2 à 12,7 %. On y trouve des vitamines du groupe B comme la thiamine, la riboflavine et la niacine, ainsi que du fer, du phosphore, du calcium, du magnésium et plusieurs autres minéraux et oligoéléments. Il constitue une excellente source de protéines. On a donc avantage à consommer souvent cette céréale.

**Le quinoa**, une plante voisine de l'épinard, est cultivé en Amérique du Sud pour ses graines alimentaires. Sa teneur en protéines est très élevée (18 %). Il contient un ensemble équilibré d'acides aminés essentiels, ce qui en fait une source de protéines complètes. C'est aussi une bonne source de fibres, de phosphore, de magnésium et de fer. Le quinoa est facile à digérer. On dit aussi que ce n'est pas une céréale engraissante.

**Le sarrasin** n'est pas une céréale. Parce que son grain ressemble à celui d'une céréale, on le classe généralement comme tel. En fait, c'est une plante annuelle de la famille des polygonacées qui sont apparentées à la rhubarbe et à l'épinard. La farine de sarrasin est entière ; rien n'y est enlevé ou ajouté. Le sarrasin est un grain hautement nutritif. Il est riche en fibres et en composés antioxydants. Ses valeurs vitaminiques sont naturelles. Il contient du calcium, du magnésium, du potassium, du fer, du cuivre, du zinc, ainsi que des vitamines B et E.

Le sarrasin est également reconnu pour sa teneur en lysine, un acide aminé que l'on ne trouve pas dans les céréales, et en rutine, une substance qui favorise une meilleure circulation sanguine. En améliorant la fluidité du sang, le sarrasin peut jouer un rôle important dans la santé coronarienne.

Autre aspect important, le sarrasin est exempt de gluten, ce qui permet aux gens qui souffrent de la maladie cœliaque (trouble intestinal potentiellement grave) d'en manger comme bon leur semble. (Voir à ce sujet : Hélène Proulx, *La fleur de sarrasin* et un dépliant des Aliments Trigone inc.) Le sarrasin est donc un aliment de très grande valeur nutritive que l'on a avantage à consommer souvent.

## La fève de soja

Il faut laver et faire tremper les fèves pendant 24 à 48 heures, puis les placer au réfrigérateur pour empêcher qu'elles fermentent. Ensuite, il faut les faire cuire comme les haricots blancs. Le volume des légumes secs varie selon la durée du trempage. Le haricot et la lentille doublent de volume alors que la fève de soya conserve son volume original.

## La caroube

La caroube, un fruit à pulpe sucrée et comestible, provient du caroubier, un arbre méditerranéen atteignant 10 mètres de hauteur. On peut trouver sur le marché des tablettes de caroube sans sucre ni miel, de la caroube en poudre ainsi que des brisures de caroube. La caroube remplace avantageusement le chocolat ou le cacao. On fait sécher la caroube, on la rôtit et on la pulvérise. Elle a un goût similaire au chocolat, mais elle n'a pas d'effet nocif.

Elle ne contient pas de méthylxanthine, et renferme presque 8 % de protéines, beaucoup de sucre naturel (environ 45 %), quelques vitamines du groupe B, du calcium, du magnésium et du potassium, quelques oligoéléments comme le fer, le manganèse, le chrome, le cuivre et le nickel. De plus, elle est trois fois plus riche en calcium que le chocolat et elle contient 17 fois moins de gras que le chocolat.

La caroube, une riche source de pectine, aide à la digestion et à l'élimination. La pectine de ce fruit est utile pour faire cesser les diarrhées, les nausées et les vomissements. Tout comme les autres fibres, la pectine régule l'estomac et aide à éliminer les toxines de l'organisme.

## Le yogourt

Puisque le yogourt est une protéine, il ne peut être mangé dans un repas de protéines ou de féculents ni comme un dessert. On doit le manger nature ; toutefois, on peut l'accompagner de fruits doux comme la banane, la poire, les dattes et en faire un repas. On a souvent pensé que le yogourt était la nourriture des dieux. Il était synonyme de longévité. En effet, un scientiste russe, Elie Metchnikoff, zoologiste, microbiologiste et récipiendaire du prix Nobel de la paix, a cru trouver le secret de la longévité dans le yogourt, se basant sur le fait que les Bulgares, qui en étaient de gros consommateurs, atteignaient un âge très avancé. Metchnikoff s'est donc mis à consommer de grandes quantités de yogourt, ce qui ne l'a pas empêché de mourir à 71 ans. Morale de l'histoire : il n'y a pas qu'un seul aliment qui puisse donner la santé.

\*\*\*

Je voudrais ajouter ceci : en mangeant continuellement des aliments carencés, nous développons des carences nutritives. Évidemment, nous ne sommes pas toujours en mesure de nous procurer des fruits et légumes biologiques, mais il vaut encore mieux se nourrir de fruits et de légumes crus de nos marchés que de grignoter des croustilles, du chocolat ou encore de boire des boissons gazeuses et de s'alimenter avec des conserves. Ce faisant, nous mangeons moins et sommes mieux nourris. La cuisson détruit entre 40 et 50 % de la valeur nutritive des aliments. Il faut toujours consommer des légumes verts crus avec les protéines animales ; **la chlorophylle** des végétaux prévient les dépôts de cholestérol sur les parois des vaisseaux sanguins. Elle contribue donc à l'élimination des gras. Il faut en outre éliminer de son alimentation tous les fruits et les légumes en conserve, car leur valeur nutritive est presque nulle. Ces légumes sont déjà cuits et nous leur donnons une seconde cuisson. Très souvent, on ajoute un produit chimique afin de conserver leur couleur.

En ce qui concerne les fruits en conserve, ils baignent dans un sirop. Nous savons que le sucre et les fruits produisent une fermentation. On doit manger des fruits mûris à point afin de conserver toute leur valeur nutritive. Ainsi, les bananes doivent être consommées lorsque la pelure est tavelée de taches brunes. L'intérieur du fruit doit être intact. Il ne faut pas manger les parties jaunes, car elles ont atteint un niveau de fermentation équivalent à celui de l'alcool. Les fruits séchés ne posent aucun problème de santé ; toutefois, quiconque veut maigrir doit s'en abstenir en raison de leur forte teneur en sucre. La rhubarbe, le chou et les épinards doivent être mangés crus. La cuisson produit de l'acide oxalique, l'une des causes de l'arthrite.

Citons l'écrivaine contemporaine Marguerite Yourcenar, première femme admise à l'Académie française, qui met dans la bouche de l'un de ses personnages de sages paroles dignes d'être lues et entendues au sujet de l'alimentation : « Une opération qui a lieu deux à trois fois par jour et dont le but est d'alimenter sa vie mérite assurément tous nos soins. »

Les principaux aliments générateurs d'acide, c'est-à-dire ceux qui acidifient l'organisme, sont :

- tous les aliments carnés, y compris le poisson, la volaille et le gibier ;
- les noix, à l'exception des amandes ;
- les arachides ;
- les petits haricots, les pois secs, les lentilles, les légumineuses ;
- toutes les céréales (le pain, le riz, etc.) ;
- la farine blanche et tous les mets à base de céréales raffinées ;
- le sucre ;
- le thé, le café, le cacao ;
- toutes les graisses et les huiles ;
- les protéines ;
- les fromages, le lait.

Les principaux aliments générateurs de base, c'est-à-dire ceux qui alcalinisent l'organisme, sont:

- tous les fruits doux ou acides, frais ou séchés;
- tous les légumes frais ou séchés;
- les amandes, les noix du Pérou.

## Les fruits doux

Les fruits doux sont les bananes, les poires et les kakis, ainsi que les fruits séchés suivants: figues, pruneaux, dattes, raisins, etc. Ces fruits peuvent être mangés avec du yogourt.

## Les fruits acidulés

Il existe deux types de fruits acidulés: les mi-acides et les acides.

- Mi-acides: cerises, pêches, certaines variétés de poires, prunes, abricots, pommes mûres, fraises, framboises, bleuets, nectarines, kiwis;
- Acides: oranges, tangerines, clémentines, mandarines, pamplemousses, citrons, ananas, tomates. Les agrumes peuvent être mangés avec des noix ou du fromage. Les fruits acides et mi-acides peuvent être consommés ensemble. On devrait ingérer le raisin seul (vert, rouge, etc.), les melons seuls (miel, cantaloup, etc.) pour une meilleure digestion.

La croyance populaire veut que tous les fruits acides soient acidifiants pour l'organisme. La vérité est tout autre. En raison de leur grande concentration en minéraux alcalinisants tels que le calcium, le magnésium, le potassium, le sodium, ces fruits laissent un fort résidu basique (alcalinisant) dans l'organisme.

La confusion provient de ce que ces fruits contiennent certains acides organiques comme l'acide citrique. Toutefois, ceux-ci sont généralement neutralisés par les sucs digestifs et éliminés. Si vous mangez selon la **technique des bonnes combinaisons**

**alimentaires**, vous n'aurez aucun problème (voir à ce sujet le tableau des combinaisons alimentaires à la page 45).

Le sucre blanc attire à lui seul tous les minéraux, les vitamines et les oligoéléments, enfin toutes ces substances vitales qui lui font défaut. Il se combine au calcium et dégrade ainsi de l'intérieur les os et les dents qu'il carie. De plus, il diminue la résistance aux infections. Afin de maintenir l'équilibre du sucre dans le sang, le pancréas sécrète de l'insuline. Lorsque cet équilibre est perturbé surgit alors le diabète ou l'hypoglycémie. Le sucre blanc est donc à proscrire. Toutefois, il ne faut pas abuser du sucre brut.

*\*\*\**

Pour tenir compte de l'acidité et de l'alcalinité, les repas du midi et ceux du soir devraient inclure entre 75 et 80 % de légumes et entre 20 à 25 % d'aliments générateurs d'acides. Pour les déjeuners, rien d'embêtant, des fruits et encore des fruits, sauf les quelques exceptions qui doivent garder les mêmes proportions que les légumes.

# Chapitre 6

# Saviez-vous que...?

Si nous mangions uniquement des crudités, nous mangerions environ deux fois moins et nous serions en meilleure forme physique et mentale; de plus, nous réaliserions des économies. En effet, une étude publiée par un organisme de protection du consommateur indiquait ceci: «Le consommateur qui veut bénéficier de la même valeur nutritive que celle que procurent les légumes frais doit absorber 40 % de plus de légumes en conserve et 25 % de plus de légumes surgelés. D'autre façon, on peut dire qu'un dollar de légumes frais vaut 1,40 $ de légumes en conserve et 1,25 $ de légumes congelés. Aussi, en tenant compte de la quantité d'eau contenue dans les légumes en conserve et de leur valeur nutritive, une livre (454 g) de légumes frais vaut trois livres (1,3 kilo) de légumes en conserve.» (Extrait tiré de la revue *Mon marché*, vol. 1, été 1980). Il en est de même pour les fruits frais.

La moutarde et le poivre sont à bannir, car ce sont des irritants et des excitants. On peut les remplacer par du sel végétal. Employez plutôt des aromates tels que la marjolaine, le thym, l'origan, la menthe, le carvi, la sarriette, l'estragon et l'Herbamare.

Une cure au jus de raisin peut vous aider à enrayer la transpiration des pieds.

Manger trop de sucre cause une carence en vitamines B. Bien entendu, il n'est pas question du sucre contenu dans les fruits et les légumes frais.

La fièvre est l'activité intense des organes dans le travail d'élimination.

Les adultes ayant moins d'énergie nerveuse que les enfants font moins de fièvre.

Les allergies ne sont autre chose qu'un empoisonnement protéique. En combinant bien les aliments, les allergies s'en vont.

Un aliment véritable ne doit pas contenir d'éléments nuisibles.

L'amidon est le seul aliment que la salive peut digérer, mais encore doit-il être cuit.

La toxémie est caractérisée par la présence dans le sang, la lymphe, les sécrétions et les cellules, de toute substance qui altère le fonctionnement de l'organisme au-delà d'un certain seuil.

La violation des lois de la vie, en affaiblissant l'organisme, nuit aux fonctions d'excrétion et expose à la toxémie (empoisonnement par rétention des déchets organiques normaux, selon Herbert M. Shelton).

Du jus de citron dans un verre d'eau chaude facilite la digestion.

---

Les cellules ne peuvent pas vivre en milieu acide.

---

L'acidose est un destructeur de force.

---

Le sang normal contient davantage d'éléments basiques que d'éléments acides; cela est nécessaire car par les bases, les acides sont neutralisés et transformés en sels inoffensifs.

---

Les tissus du corps ne sont rien d'autre que de la nourriture transformée.

---

L'acide urique joue un rôle de premier plan dans toutes les affections arthritiques. Il constitue le produit terminal du métabolisme des substances azotées appelées purines, qui proviennent des aliments de source animale. La viande maigre, le poulet et le poisson sont pauvres en purines. L'urée est le point terminal du métabolisme des protéines.

---

Il faut manger le concombre avec la pelure car celle-ci contient l'enzyme digestive. Sans elle, le concombre ne se digère pas.

---

Une betterave par jour maintient l'équilibre de la pression artérielle.

---

L'amidon ou farineux et sucres combinés sont des facteurs plus importants dans la production du rhumatisme que l'excès de viande. Donc, on doit bannir les tartes, les gâteaux, etc.

---

L'eau représente 70 % du poids du corps humain. On élimine environ 2 500 g d'eau par jour : 1 500 g par l'urine, 500 g par la sueur et 500 g par les poumons.

---

En raison de leur essence sulfurée, le chou et le cresson crus sont excellents pour les poumons.

---

Une carence en potassium engendre le durcissement des artères. Mangez beaucoup de fruits, en particulier des bananes et des pommes, et vous comblerez vos carences.

---

Le cholestérol est nécessaire à la santé, bien qu'un surplus soit généralement néfaste. Le taux normal de cholestérol sanguin admis par la médecine allopathique, c'est-à-dire conventionnelle, se situe entre 150 et 300 milligrammes par 100 millimètres de sérum. La médecine naturopathique considère que la surcharge commence vers 180 milligrammes (Marcel Chaput, *L'école de la santé*, p. 118).

---

La malnutrition est un déséquilibre de l'alimentation causé par l'absence d'un ou de plusieurs aliments indispensables.

---

Un phénomène est physique lorsqu'il n'entraîne pas de changement (par exemple, l'ébullition de l'eau). Un phénomène est chimique quand il y a changement, comme l'eau d'érable qui, par l'ébullition, devient du sirop.

---

Chaque cigarette brûle 50 mg et même davantage de vitamine C ; par conséquent, elle brûle votre santé.

---

L'alcool est un élément dépresseur.

---

Un syndrome est l'ensemble des symptômes qui caractérisent une maladie. Un symptôme est un phénomène qui révèle un trouble fondamental, c'est-à-dire un indice.

---

Les glandes sont des organes ayant pour fonction d'élaborer certaines substances et de les déverser soit à l'extérieur de l'organisme (exocrines), comme les glandes sudoripares et salivaires, soit à l'intérieur (endocrines), comme le foie et la thyroïde.

---

Tous les produits de charcuterie contiennent des nitrates et des colorants synthétiques.

---

Le jeûne et la cure de jus sont des méthodes naturelles très rapides pour l'amélioration de la santé.

---

Un végétarien qui ne suit pas les **bonnes combinaisons alimentaires** peut être en aussi mauvaise forme physique qu'un omnivore.

---

L'alimentation et l'élimination sont les deux influences majeures du maintien de l'équilibre de la santé.

La maladie est le résultat d'une mauvaise élimination et d'une trop grande teneur de déchets dans l'organisme.

Le son est la partie périphérique des grains de céréale lorsqu'elle a été séparée par la mouture.

L'hydrogénisation est un procédé par lequel on injecte un métalloïde (une poudre de fer, soit du sulfate de fer) dans l'huile pour la faire durcir plus vite.

Les **gras saturés** sont solides à la température ambiante ; ils sont surtout présents dans la viande, la volaille, les œufs et les produits laitiers.

Les **gras monoinsaturés** sont liquides à la température ambiante et semi-liquides au réfrigérateur. Ils abondent dans les olives, l'avocat, les noix, le sésame.

Les **gras polyinsaturés** sont liquides à la température ambiante et au froid. Ils sont abondants dans le lin, les noix, le soya, le tournesol, etc. (Inspiré du *Guide des bons gras*, Renée Frappier et Danielle Gosselin.)

Il faut manger des légumes verts crus avec la viande qui est une source d'acide urique. La chlorophylle des plantes vertes prévient le dépôt d'acide urique aux jointures et sur les cartilages, soulageant ainsi de l'arthrite et du rhumatisme. Bien entendu, plus on mange de légumes verts crus, plus le soulagement est efficace. En plus de trouver de la chlorophylle dans toutes les plantes vertes, elle se vend dans les magasins d'aliments naturels sous forme liquide, en solution isotonique à 2%. On dit qu'une solution est isotonique lorsqu'elle a la même concentration que le système auquel elle est comparée. La chlorophylle est un antiseptique, un nettoyeur de l'organisme; elle prévient les rhumes, les grippes, etc. C'est un aliment dont je ne saurais me passer. Tous les matins, avant mon petit déjeuner, je prends un verre d'eau avec 15 à 20 gouttes de chlorophylle. En voyage, elle m'a permis d'éviter la turista. Je vous suggère la marque Land Art vendue dans tous les magasins d'aliments naturels. Je vous le répète, la chlorophylle, ajoutée aux BCA, m'a éloignée des grippes et des rhumes depuis des décennies.

Deux carottes par jour peuvent diminuer de 10 à 20% le cholestérol. Les fibres de la pomme et de l'avoine favorisent aussi l'élimination du cholestérol.

Le jus de céleri est diurétique, digestif et amaigrissant, en plus d'être très bon pour vaincre l'arthrite.

D'où vient l'habitude de faire cuire les aliments? Aux temps préhistoriques, lorsque les forêts tropicales fleurissaient dans les régions arctiques (maintenant couvertes de glace), plusieurs variétés de fruits succulents et nourrissants fournissaient à l'humain une nourriture abondante. Pendant une tempête tropicale, la foudre frappa un arbre et la forêt prit feu. Fuyant le brasier, quelques animaux furent rattrapés par les flammes et rôtis. Lorsque celles-ci furent éteintes et que les humains s'aventurèrent dans la région incendiée pour nettoyer le terrain, ils trouvèrent les animaux grillés. En les transportant, ils eurent la curiosité de goûter leur chair ainsi rôtie. Ils en aimèrent le goût et elle satisfit leur faim. Ils voulurent donc recommencer. Pour ce faire, il leur fallait du feu. Ils cherchèrent divers moyens de produire une étincelle jusqu'au jour où ils découvrirent que frotter deux morceaux de bois faisait naître une étincelle. À partir de ce jour, l'habitude de manger de la viande cuite s'implanta dans les mœurs.

Pour quiconque veut demeurer en santé ou la recouvrer, la centrifugeuse est un appareil de cuisine indispensable. On a découvert qu'en mangeant les légumes crus, on ne les assimile qu'à 15 % de leur valeur nutritive alors que sous forme de jus, ils le sont à environ 90 %. Il est important de noter que pour que les jus aient toute leur saveur, il est conseillé de les boire dès qu'ils sont extraits. On ne peut les conserver même au froid sans qu'ils perdent beaucoup de leurs vertus et de leur saveur.

Un verre de huit onces (250 ml) de jus frais par jour prévient les rhumes et les grippes. Boire des jus ne nous enlève pas le devoir de manger des fruits et des légumes entiers, car il faut des fibres pour faire fonctionner les intestins. Quand vous achetez une centrifugeuse, assurez-vous que vous pouvez la faire réparer rapidement et que l'on pourra remplacer les pièces défectueuses en moins de deux.

## La quantité de protéines

On se demande souvent quelle quantité de protéines on devrait manger pour être en forme. Si on travaille fort et qu'on dépense beaucoup d'énergie nerveuse, on doit évidemment consommer davantage de protéines, d'hydrates de carbone, etc. «On estime à 1 gramme de protides par kilogramme de poids la ration quotidienne d'entretien d'un homme adulte, soit environ 70 g pour un adulte qui pèse 70 kg (155 lb). Les besoins pour un enfant de 1 à 3 ans sont de 3,5 g par kg de poids; de 5 à 12 ans, 3 g par kg de poids; de 15 à 17 ans: 2 g par kg de poids; de 17 à 21 ans: 1,5 g par kg de poids; 21 ans et plus: 1 g par kg de poids.» (Extrait de *L'homme dans son milieu*.)

> *Dieu m'a mis sur terre pour accomplir un certain nombre de choses; présentement, je suis tellement en retard que je ne mourrai jamais.*
>
> Anonyme

## Le processus d'amaigrissement et de désintoxication

Il est très important de se rappeler que pour maigrir et recouvrer sa santé, il faut suivre les **bonnes combinaisons alimentaires**, éviter les charcuteries, les sucreries, les pâtisseries, les boissons gazeuses, les poissons et les fromages gras, les viandes grasses, les graisses et les sauces, les fruits séchés, l'alcool, les apéritifs, les amuse-gueules tels que les arachides, les croustilles, etc. En outre, il faut y aller mollo avec les féculents. Par contre, on peut manger à volonté des fruits, des légumes (frais de préférence), mais éviter la banane pour un certain temps.

Afin d'accélérer le processus d'amaigrissement et de désintoxication, vous pouvez une fois par semaine, lors d'une journée de congé par exemple, faire une cure de fruits comme suit :

| | |
|---|---|
| 8 h | une grappe de raisins |
| 10 h | une orange |
| 12 h | une pêche |
| 14 h | un kiwi |
| 16 h | une poire |
| 18 h | un demi-cantaloup |
| 20 h | trois prunes |
| 22 h | une pomme |

Si, à l'une des heures mentionnées précédemment, vous n'avez pas faim, vous pouvez vous abstenir de manger le fruit. Vous pouvez aussi consommer le même fruit toute la journée, ou alors faire la cure suivante :

- Déjeuner : une pomme et une orange. Si vous avez faim, en avant-midi, mangez une pêche ou un autre fruit.

- Dîner : une salade de crudités et une tranche de pain complet avec de la margarine non hydrogénée.

- Souper : une salade de crudités avec 1/4 tasse (50 ml) de fromage cottage (2 % de matières grasses).

- Vers 20 h : une pomme (elle contient du brome qui favorise le sommeil).

Après une cure de fruits ou de légumes crus, prenez trois repas par jour car le fait de sauter un repas entraîne une sensation de faim intense au repas suivant, ce qui vous porte à manger démesurément. Mastiquez vos aliments. Si vous n'avez pas l'habitude de manger des fruits, il se peut que vous ayez une diarrhée, il ne faut pas vous affoler. N'oubliez pas aussi l'exercice physique.

# Chapitre 7

# Les fibres

Les fibres sont des constituants importants de toutes les cellules végétales et, par conséquent, entrent en bonne proportion dans notre alimentation. Bien qu'elles ne soient ni digérées ni absorbées par notre organisme, elles sont néanmoins nécessaires au bon fonctionnement de l'intestin ; elles donnent du volume aux aliments, ce qui stimule le péristaltisme, ou mouvements de l'intestin, et préviennent la constipation. Les fibres sont donc des substances glucidiques qui ne sont pas attaquées par les sucs digestifs. Elles sont ce que l'on appelle des aliments encombrants mais d'une importance capitale pour la santé.

Les fibres se trouvent dans les végétaux : céréales, fruits, légumes, légumineuses. Tout comme l'apport calorique varie d'un aliment à l'autre, la teneur en fibres enregistre aussi de grandes différences. Certains végétaux en sont très riches, d'autres plus pauvres ; et pour ce qui est des céréales et de leurs dérivés, leur teneur en fibres dépend en large part de la mouture et du raffinage. Par exemple, une tranche de pain blanc peut donner 0,8 g de fibres et une tranche de pain complet, 1,5 g ; 100 g de farine de blé entier donnent 9,5 g de fibres alors que 100 g de farine blanche n'en donnent que 3,15. Nous avons donc avantage à consommer des aliments complets et le moins raffinés possible.

On peut classer les fibres en trois catégories : la cellulose, la pectine et la lignine, lesquelles sont des substances organiques contenues dans les membranes cellulaires des végétaux. La cellulose et la pectine sont en partie dégradées par les bactéries du côlon, ou flore intestinale ; la première est une fibre plus ou moins dure, tandis que la seconde est une fibre onctueuse. Quant à la lignine, c'est absolument intacte qu'elle traverse tout l'intestin.

Cela veut dire qu'elle n'est pas dégradée par la flore intestinale. C'est une fibre dure qui peut devenir irritante. On la rencontre, par exemple, dans les graines de sésame entières, non décortiquées, dans les grains entiers de pollen de fleur, dans les grains de maïs non mastiqués, dans les vieilles carottes, dans les vieux navets, etc. Comme nous retrouvons ces grains entiers dans nos selles, ils ne sont donc d'aucune utilité nutritive.

Nous devrions consommer environ 30 à 40 g de fibres par jour, ce qui veut dire manger beaucoup de légumes, de fruits et de céréales complètes pour prévenir la constipation et, par le fait même, pour être et rester en bonne santé.

Je vous répète : il faut suivre la **technique des bonnes combinaisons alimentaires** si nous voulons profiter à 100 % ou presque de la valeur nutritive de ces bons aliments. Il ne faut pas les manger n'importe quand ni n'importe comment.

Tant vaut la manducation prise dans son sens qualitatif et quantitatif le plus large, tant valent la digestion, l'absorption, l'élimination et l'assimilation ; et par conséquent, vaut la santé (Marcel Chaput, *L'école de la santé*).

En effet, le diabète de l'adulte, l'obésité, les maladies cardiaques, le cancer du côlon sont pratiquement inconnus des mangeurs de fruits et de légumes (surtout crus) ainsi que de céréales entières.

## Fruits contenant le plus de fibres
### (3 1/2 oz = 100 g approximativement)

|  | Poids | Fibres |
|---|---|---|
| abricot | 100 g | 1,30 |
| ananas | 100 g | 1,40 |
| avocat | 100 g | 2,00 |
| banane (1) | 175 g | 3,50 |
| cantaloup (1/2) | 385 g | 2,90 |

| | | |
|---|---|---|
| datte | 100 g | 8,70 |
| fraise | 100 g | 2,12 |
| framboise | 100 g | 7,40 |
| figue sèche | 100 g | 18,30 |
| mûre (125 ml) | 150 g | 5,00 |
| nectarine ou brugnon (1) | 138 g | 0,89 |
| orange (1) | 180 g | 2,70 |
| pêche | 100 g | 2,28 |
| poire | 100 g | 2,44 |
| pomme crue (1) | 150 g | 2,20 |
| prune | 100 g | 2,00 |
| raisin sec (1) | 14 g | 1,00 |
| raisin frais (10) | | 0,80 |

## Légumes contenant le plus de fibres
### (3 1/2 oz = 100 g approximativement)

| | *Poids* | *Fibres* |
|---|---|---|
| asperge | 100 g | 1,40 |
| aubergine | 100 g | 2,30 |
| betterave | 100 g | 2,50 |
| brocoli | 100 g | 4,30 |
| carotte crue (1) | 50 g | 0,50 |
| carotte râpée | 116 g | 2,83 |
| céleri cru (1 tasse [250 ml]) | 100 g | 1,30 |
| céleri cru (1 branche) | 40 g | 0,50 |
| céleri cuit (1 tasse [250 ml]) | 133 g | 2,90 |
| champignon cru, tranché (1 tasse [250 ml]) | 100 g | 2,50 |
| chou pommé cru | 95 g | 2,20 |
| chou de Bruxelles | 100 g | 2,80 |
| chou-fleur cru (1 tasse [250 ml]) | 112 g | 1,80 |
| chou-fleur cuit (1 tasse [250 ml]) | 127 g | 2,30 |

| | | |
|---|---|---|
| chou rouge cru (1 tasse [250 ml]) | 100 g | 2,80 |
| concombre | 100 g | 0,40 |
| courgette | 100 g | 0,90 |
| cresson | 100 g | 3,28 |
| épinard | 100 g | 6,18 |
| haricot vert | 100 g | 3,20 |
| laitue en feuille (2 grandes feuilles) | 50 g | 0,80 |
| maïs | 83 g | 4,70 |
| oignon cru (1) | 100 g | 1,30 |
| oignon cuit (1 tasse [250 ml]) | 222 g | 2,90 |
| navet | 100 g | 2,20 |
| poivron vert cru (1) | 74 g | 1,00 |
| poireau | 100 g | 3,10 |
| pois, petit pois | 100 g | 6,00 |
| pomme de terre douce cuite | 141 g | 3,40 |
| pomme de terre au four, pelée après cuisson (1) | 130 g | 3,20 |
| pomme de terre bouillie et pelée avant cuisson (1) | 122 g | 1,20 |
| radis crus (4) | 40 g | 0,50 |
| scarole | 100 g | 1,60 |
| tomate crue (1) | 150 g | 2,30 |

## Légumineuses et noix contenant le plus de fibres
### (3 1/2 oz = 100 g approximativement)

| | *Poids* | *Fibres* |
|---|---|---|
| amande écalée (1/2 tasse [125 ml]) | 75 g | 10,70 |
| arachide grillée, salée (1/2 tasse [125 ml]) | 75 g | 5,90 |
| beurre d'arachide (1 c. à soupe [15 ml]) | 15 ml | 1,20 |
| haricot sec cuit (1 tasse [250 ml]) | 260 g | 14,40 |

| | | |
|---|---|---|
| lentille cuite, égouttée (1 tasse [250 ml]) | 156 g | 5,80 |
| noix de Grenoble (1/2 tasse [125 ml]) | 53 g | 2,80 |
| pois cassé sec, cuit (1 tasse [250 ml]) | 263 g | 13,40 |

## Produits céréaliers contenant le plus de fibres
### (3 1/2 oz = 100 g approximativement)

| | *Poids* | *Fibres* |
|---|---|---|
| All-Bran (1 tasse [250 ml]) | 34 g | 9,30 |
| blé filamenté (1 tasse [250 ml]) | 38 g | 4,70 |
| farine blanche | 100 g | 3,15 |
| farine de blé entier | 100 g | 9,51 |
| gruau d'avoine ordinaire (1/2 tasse [125 ml]) | 42 g | 3,20 |
| muesli | 100 g | 7,40 |
| pain blanc (1 tranche) | 30 g | 0,80 |
| pain complet (1 tranche) | 30 g | 3,15 |
| riz blanc cru | 100 g | 2,40 |
| riz blanc cuit (1 tasse [250 ml]) | 179 g | 1,40 |
| riz brun cru | 100 g | 4,30 |
| riz brun cuit | 179 g | 2,80 |
| son de blé (1 c. à soupe, 15 ml) | | 2,20 |
| son (en flocons) | 31 g | 3,10 |
| Weetabix (1 biscuit) | 16 g | 2,10 |

CHAPITRE 8

# Qu'est-ce
# qu'une calorie ?

La calorie est l'unité de chaleur et comme l'unité de chaleur est une forme d'énergie, la calorie devient l'unité d'énergie. En un mot, la calorie est une mesure comme le kilo, la livre, le gramme, l'once, etc. Ainsi, on détermine en calories la valeur énergétique des aliments. Il y a :

- les bonnes calories dites nutritives comme dans les fruits, les légumes, les céréales entières, les noix, les fromages, les œufs, la viande, le poisson, le tofu, etc. ;

- les calories vides, c'est-à-dire celles qui proviennent d'aliments qui n'apportent pratiquement aucun bon nutriment à l'organisme. De plus, la consommation de ces aliments produit des déchets dont il faut se débarrasser. Ces calories sont contenues dans les sucreries, les tartes, les gâteaux, les biscuits, le thé, le café, les boissons gazeuses et alcoolisées, les croustilles, etc.

On calcule quatre calories par gramme de protéine ou d'hydrate de carbone et neuf calories par gramme de gras.

CHAPITRE 9

# Suggestions
# de menus

#  LE PETIT DÉJEUNER

Le matin, prenez un verre de jus de fruits frais, préparé à l'aide de la centrifugeuse, + 15 à 20 gouttes de chlorophylle. Dix minutes après avoir bu votre jus, vous pouvez vous inspirer des choix suivants :

🍌 Choix 1   Une grosse pomme et une orange.

🍌 Choix 2   Une grappe de raisins.

🍌 Choix 3   Un cantaloup.

🍌 Choix 4   Deux oranges et des prunes.

🍌 Choix 5   Un demi ou un melon miel.

🍌 Choix 6   Des pêches et des nectarines bien mûres.

🍌 Choix 7   Des kiwis.

🍌 Choix 8   Des pommes crues en purée.

🍌 Choix 9   Des fruits en gelée.

🍌 Choix 10  Un demi-melon miel ou quelques morceaux de pastèque.

🍌 Choix 11  Une banane bien mûre.

🍌 Choix 12  Ananas.

🍌 Choix 13  Poires et yogourt.

🍌 Choix 14  Grappe de raisins.

Vous pouvez manger d'autres fruits l'avant-midi si vous avez faim, mais vous devez arrêter environ une heure avant le repas du midi.

## 🍅 LE DÎNER

🍆 Choix 1    Une grosse salade de crudités avec un couscous aux légumes.

🍆 Choix 2    Un choix de crudités : tranches de concombre, morceaux de poivron, branches de céleri, etc., et un sandwich fait de pâté végétal (vendu dans tous les magasins d'aliments naturels).

🍆 Choix 3    Une salade avec une portion de riz entier et des légumes cuits à la vapeur (brocoli).

🍆 Choix 4    Un choix de crudités avec une pomme de terre au four et des légumes cuits à la vapeur (pois verts, haricots, navet, etc.).

🍆 Choix 5    Salade de crudités avec une soupe aux pois. En cas de faim, une tranche de pain avec margarine.

🍆 Choix 6    Choix de crudités avec deux crêpes ou galettes de sarrasin.

🍆 Choix 7    Crudités ou salade avec des aubergines à la provençale.

🍆 Choix 8    Crudités avec un bouilli de légumes.

🍆 Choix 9    Salade de crudités et un plat de millet aux légumes.

🍆 Choix 10    Salade de crudités avec des poivrons farcis aux haricots blancs.

🍆 Choix 11    Salade de crudités avec une soupe minestrone et une tranche de pain avec margarine.

🍆 Choix 12    Salade de crudités avec un potage de carotte et navet, ainsi que des légumes cuits à la vapeur (brocoli, haricots jaunes) et une tranche de pain de seigle.

🍆 Choix 13    Salade de crudités avec des légumes en croûte.

🍆 Choix 14    Salade de crudités avec des macaronis ou des lentilles aux légumes.

## 🍲 LE SOUPER

🌰 Choix 1    Des crudités avec une tourte aux légumes et des tranches de betterave.

🌰 Choix 2    Des crudités avec des œufs au plat cuits sans gras, accompagnés de haricots verts, de brocoli, etc.

🌰 Choix 3    Des crudités avec une aubergine gratinée et des légumes cuits de votre choix.

🌰 Choix 4    Salade ou des crudités avec une quiche au brocoli.

🌰 Choix 5    Salade ou crudités avec une macédoine de légumes chauds et une portion de fromage cottage.

🌰 Choix 6    Salade de crudités avec des champignons cuits à la vapeur et des légumes chauds si désiré.

🌰 Choix 7    Salade de crudités avec 10 amandes.

🌰 Choix 8    Salade de crudités avec une tarte aux poireaux.

🌰 Choix 9    Salade de crudités avec du tofu parfumé aux herbes, des betteraves et des haricots.

🌰 Choix 10   Salade de crudités avec une courge verte ou zucchini au fromage cottage et des légumes chauds de votre choix.

🌰 Choix 11   Salade de crudités avec pain de légumes.

🌰 Choix 12   Salade de crudités avec une ratatouille niçoise.

🌰 Choix 13   Salade de crudités avec des aubergines farcies au riz et légumes (haricots, pois verts, carottes, etc.).

🌰 Choix 14   Salade de crudités avec des spaghettis aux légumes, le tout accompagné de légumes chauds de votre choix.

## L'assaisonnement

- L'Herbamare

  L'Herbamare est un sel de mer fin, naturel, imprégné d'herbes et de légumes frais biologiques : céleri, poireau, cresson, oignon, ciboulette, persil, livèche, ail, basilic, marjolaine, romarin, thym et varech. Il remplace à merveille le sel de table régulier. Une version sans sodium est également offerte.

  En ce qui concerne l'assaisonnement dans les recettes, je donne des quantités uniquement à titre indicatif. Vous pouvez ajuster selon votre goût. En effet, c'est en goûtant que l'on voit si l'assaisonnement est à point.

- La gélatine ou l'agar-agar

  Pour les aspics, je suggère d'utiliser toujours de la gélatine sans saveur, sans couleur et sans sucre. L'agar-agar est un mucilage fabriqué à partir d'une algue rouge vendue dans la plupart des magasins d'aliments naturels. Vous pouvez remplacer la gélatine par de l'agar-agar. La gélatine commerciale est faite à partir de source animale, tandis que l'agar-agar est de source végétale.

- Le stevia

  Le stevia est un arbuste reconnu depuis longtemps comme source d'édulcorant naturel (un produit qui donne un goût sucré). Cet arbuste est originaire de l'Amérique du Sud et de l'Amérique centrale. Pour ceux qui aime sucrer leurs boissons, le stevia est tout indiqué. Il possède bon nombre d'avantages sur les autres édulcorants et, surtout, sur la saccharose.

## Les oméga

Il en existe trois types.

1. Les oméga-3 préviennent les maladies cardiovasculaires et sont contenus dans les huiles de poisson, les graines de lin et l'huile de lin.

2. Les oméga-6, qui n'apportent pas de réels bénéfices, sont contenus dans les viandes.

3. Les oméga-9 préviennent les risques de thrombose (caillots de sang) et sont contenus dans l'huile d'olive.

## Les équivalences métriques

*Longueur*

| | |
|---|---|
| 1/8 pouce | 3 mm |
| 1/4 pouce | 6 mm |
| 1/2 pouce | 1 cm |
| 3/4 pouce | 2 cm |
| 1 pouce | 2,5 cm |
| 2 pouces | 5 cm |

*Volume – mesure liquide*

| | |
|---|---|
| 1 tasse (8 oz) | 250 ml |
| 3/4 tasse (6 oz) | 200 ml |
| 1/2 tasse (4 oz) | 125 ml |

*Volume – mesure sèche*

| | |
|---|---|
| 1 tasse | 250 ml |
| 1/2 tasse | 125 ml |
| 1/4 tasse | 50 ml |

*Volume – petites mesures liquides et sèches*

| | |
|---|---|
| 1 c. à thé | 5 ml |
| 1 c. à soupe | 15 ml |

*Masse*

| | |
|---|---|
| 1 lb | 1/2 kg ou 500 g |
| 1 oz | 30 g |

*Équivalences approximatives*

| | |
|---|---|
| 1 c. à thé de liquide environ | 5 g |
| 1 c. à thé de poudre environ | 5 g |
| 1 tasse de lait, de yogourt environ | 245 g |
| 1 tasse de légumes feuillus environ | 90 g |
| 1 tasse de légumes racines environ | 135 g |
| 1 tasse de noix environ | 140 g |
| 1 tasse de fruits coupés environ | 150 g |
| 1 tasse de céréales entières non cuites environ | 200 g |
| 1 c. à soupe d'huile environ | 14 g |
| 1 c. à soupe de miel environ | 20 g |
| 1 c. à soupe de mélasse environ | 20 g |
| 1 c. à soupe de lait environ | 15 g |

*Note :* Pour ceux et celles qui sont habitués à calculer en onces (oz) et en livres (lb), le volume de 8 oz équivaut à 250 ml et le poids de 8 oz ou 1/2 lb équivaut à 225 g approximativement.

Source : *Valeur nutritive de quelques aliments usuels*, Santé et Bien-être social Canada, édition révisée, 1979.

*Cuisson au four*

| Degrés Fahrenheit | Degrés Celsius |
|---|---|
| 150 | 65 |
| 200 | 95 |
| 250 | 120 |
| 300 | 150 |
| 325 | 160 |
| 350 | 180 |
| 375 | 190 |
| 400 | 200 |
| 425 | 215 |
| 450 | 225 |
| 500 | 250 |

## Conseil pratique

Les recettes ne se veulent pas parfaites. Dès que l'on accepte de faire cuire des aliments, on transgresse certaines lois ; par exemple, si je fais cuire un pâté en croûte, je dois forcément faire chauffer le gras. Il en va de même de certains assaisonnements. Cependant, il vaut mieux respecter les **bonnes combinaisons alimentaires** à 80 % pendant toute sa vie que de les suivre à 100 % durant une semaine seulement.

CHAPITRE 10

# Recettes

Vous remarquerez que je ne vous propose que des recettes végétariennes. Cependant, ceux et celles qui veulent manger de la viande, du poisson, etc., libre à vous! Aux salades de crudités, ajoutez à ce moment la viande de votre choix, mais ne les arrosez pas d'huile. Celle-ci nuit à la digestion des protéines. Souvenez-vous qu'il faut manger beaucoup de légumes verts crus avec les protéines, car la chlorophylle des plantes vertes empêche le dépôt de gras dans les veines et les artères.

Avant de faire votre épicerie, composez vos menus de la semaine; de cette façon, vous saurez quoi préparer pour chaque repas et serez moins stressé. Affichez votre liste sur le réfrigérateur.

Méthode pour faire un aspic à l'orange

- 3 1/2 tasses (875 ml) de jus d'orange
- 3 c. à soupe (45 ml) de gélatine sans saveur ou de l'agar-agar
- 1/2 tasse (125 ml) d'eau froide

Faire chauffer le jus d'orange, ajouter la gélatine gonflée dans l'eau froide. Bien mélanger. Verser dans des moules passés à l'eau froide et y ajouter :

- 1/2 tasse (125 ml) d'orange coupée en dés
- 1/2 tasse (125 ml) de pamplemousse coupé en dés
- 1/2 tasse (125 ml) d'ananas coupé en dés
- 1/2 tasse (125 ml) de fraises coupées en dés

Faire prendre pendant 4 ou 5 heures au réfrigérateur. Pour démouler, passer le dessous des moules à l'eau chaude.

# ASPIC AUX CAROTTES SERVI DANS DE PETITS MOULES

- 1 c. à soupe (15 ml) de gélatine sans saveur ou de l'agar-agar
- 1/2 tasse (125 ml) d'eau froide
- 7 à 8 carottes moyennes râpées
- 2 tasses (500 ml) d'eau chaude
- Herbamare et sarriette au goût

Faire gonfler la gélatine dans l'eau froide environ 5 minutes. Dans un chaudron, mettre l'eau, les carottes, l'assaisonnement. Bien mélanger, ajouter la gélatine gonflée et faire chauffer environ une minute. Verser dans de petits moules. Pour démouler, voir la recette précédente. Placer une feuille de laitue en dessous pour servir.

# ASPIC AUX TOMATES

- 1 c. à soupe (15 ml) de gélatine sans saveur ou de l'agar-agar
- 1/2 tasse (125 ml) d'eau froide
- 2 tasses (500 ml) de jus de tomate
- 1/2 tasse (125 ml) de céleri coupé en dés
- 1/2 c. à thé (3 ml) d'Herbamare ou du sel de mer, au goût

Faire gonfler la gélatine dans l'eau froide environ 5 minutes. Faire chauffer le jus de tomate environ deux minutes. Ajouter la gélatine gonflée et tous les autres ingrédients. Bien mélanger. Verser dans des moules passés à l'eau froide. Laisser prendre pendant 6 heures. Pour démouler, passer le dessous du moule à l'eau chaude. Placer une feuille de laitue en dessous pour le service.

- 1/2 tasse (125 ml) de quinoa
- 1 tasse (250 ml) d'eau
- 1 c. à soupe (15 ml) de légumes déshydratés
- Herbamare
- Sauce Bragg ou huile de tournesol

Laver le quinoa. Dans un chaudron, mettre le quinoa, l'eau, les légumes et l'Herbamare. Porter à ébullition. Baisser le feu, et laisser mijoter environ 15 minutes ou jusqu'à ce que le quinoa soit cuit. Verser dans une assiette, ajouter la sauce ou l'huile. Servir avec une portion de brocoli, des haricots verts ou jaunes, des carottes pilées, etc. Ajouter si désiré une portion de champignons cuits à la vapeur. C'est un excellent repas.

- 2 aubergines
- 2 tasses (500 ml) de bouillon de légumes
- 6 tomates
- 1 oignon
- 1 gousse d'ail (facultatif)
- 1/2 c. à thé (3 ml) de romarin
- 1/2 c. à thé (3 ml) de sarriette
- 1/2 c. à thé (3 ml) de basilic
- 1/2 c. à thé (3 ml) de fenouil
- Une pincée de thym (au goût)

Peler et couper les aubergines en rondelles minces. Les placer dans un plat allant au four. Dans une casserole contenant 2 tasses (500 ml) de bouillon de légumes, ajouter les tomates coupées, l'oignon, l'ail et les herbes. Laisser cuire pendant 10 minutes. Passer la sauce au mélangeur, puis verser sur les aubergines. Cuire au four entre 30 et 40 minutes à 350 °F (180 °C).

# AUBERGINES AU GRATIN

- 2 aubergines
- 2 3/4 tasses (425 ml) de jus de tomate
- 3 c. à soupe (45 ml) de farine de blé mou entier ou de la farine de sarrasin
- 1 oignon émincé
- Une pincée de sel de mer ou d'Herbamare
- Fromage râpé

Faire cuire à la vapeur les aubergines coupées en tranches minces 5 minutes environ. Vous pouvez peler l'aubergine, car la pelure donne un goût plus âcre. Faire une sauce avec le jus de tomate, la farine et l'oignon. Dans une casserole allant au four, mettre l'aubergine, saupoudrer de sel ou d'Herbamare. Faire autant de rangs que l'on a d'aubergine. Recouvrir de sauce tomate et de fromage râpé, puis faire dorer au four à 375 °F (190 °C).

- 4 grosses aubergines
- 3 tasses (750 ml) de riz bien cuit
- 1 tasse (250 ml) de macédoine cuite
- 1 tasse (250 ml) de brocoli cuit coupé finement
- 2 c. à soupe (30 ml) d'huile de tournesol
- Une pincée de sel de mer ou d'Herbamare au goût
- Persil frais

Laver les aubergines, les placer dans une grande casserole d'eau bouillante. Couvrir et cuire à feu doux pendant 15 minutes. Les piquer pour vérifier leur cuisson. Après la cuisson, couper les aubergines en deux dans le sens de la longueur. Enlever délicatement la pulpe en ayant soin de laisser une très fine couche de la peau. Mélanger la pulpe d'aubergine, le riz, la macédoine, le brocoli, l'huile de tournesol, le sel ou l'Herbamare. Farcir les cavités des aubergines et garnir de persil frais.

# AVOCAT FARCI

- 1 avocat
- 1 carotte râpée
- 1/2 c. à thé (3 ml) d'huile de tournesol
- Une pincée de persil et d'Herbamare

Couper l'avocat en deux dans le sens de la longueur et le dénoyauter. Remplir la cavité avec le mélange de tous ces ingrédients, ajoutés à la pulpe de l'avocat. Saupoudrer de persil et d'Herbamare.

# BOUILLI DE LÉGUMES

- 2 carottes coupées en morceaux
- 2 pommes de terre coupées en quatre
- Quelques tranches de navet
- 1 tasse (250 ml) de haricots verts
- 1 oignon coupé en morceaux
- 1 feuille de laurier
- 1 tasse (250 ml) de pois verts
- Quelques bouquets de brocoli
- Sel de mer ou Herbamare

Dans une casserole, mettre environ 2 po (5 cm) d'eau et ajouter les carottes, les pommes de terre, le navet, les haricots, l'oignon ainsi que la feuille de laurier. Faire cuire à feu moyen pendant 15 minutes. Ajouter les pois et le brocoli. Ajouter un peu d'eau si nécessaire, puis le sel de mer ou l'Herbamare. Au moment de servir dans votre assiette, mettre un peu d'huile sur les légumes.

- 1 ou 2 concombres coupés en rondelles
- 3 c. à soupe (45 ml) d'huile de tournesol
- 1 c. à soupe (15 ml) de menthe fraîche coupée finement
- Un peu d'Herbamare

Laver les concombres sans les éplucher. Vous devez vous souvenir que l'enzyme digestive du concombre se trouve dans la pelure. Dans un bol, mélanger l'huile et la menthe. Disposer joliment les rondelles de concombre dans un plat de service. Verser le mélange d'huile et de menthe, et ajouter un peu d'Herbamare. Réfrigérer pendant une bonne heure. Au moment de servir, garnir de quelques feuilles de menthe fraîche. Vous pouvez varier à l'infini vos plats de concombre. Vous pouvez remplacer la menthe par du persil frais, du fenouil ou de l'origan.

- 1 ou 2 courgettes
- 1 tasse (250 ml) de haricots verts cuits
- 1/2 tasse (125 ml) de brocoli cuit
- Herbamare au goût
- 1 tasse (250 ml) de sauce tomate
- Fromage maigre râpé ou en tranches

Laver et couper les courgettes en fines rondelles et les faire cuire à la vapeur de 5 à 6 minutes. Dans un plat allant au four, mettre les courgettes, les haricots verts, le brocoli. Saupoudrer d'Herbamare. Recouvrir de sauce tomate et de fromage. Faire dorer au four à 350 °F (180 °C).

# COURGETTES VERTES AU FROMAGE COTTAGE

- 1 courgette
- 1/2 c. à thé (3 ml) d'Herbamare
- 1/2 c. à thé (3 ml) d'origan
- 1/2 c. à thé (3 ml) de sarriette
- Fromage cottage

Laver et couper la courgette en fines rondelles et faire cuire à la vapeur de 5 à 6 minutes (ou jusqu'à point). Déposer dans une assiette chaude. Assaisonner chaque rondelle d'Herbamare, d'origan et de sarriette. Recouvrir de fromage cottage. Vous pouvez remplacer la courgette par du brocoli, des haricots, des betteraves ou d'autres légumes. Voilà un repas vite fait !

- 1 tasse (250 ml) de semoule de blé
- 1 petit oignon
- Herbamare ou sel de mer au goût
- 1 tasse (250 ml) de macédoine cuite
- 1 c. à soupe (15 ml) d'huile de tournesol
- 3 tasses (750 ml) d'eau

Plonger la semoule de blé et l'oignon dans l'eau bouillante. Faire cuire 1 minute environ. Éteindre le feu. Ajouter l'Herbamare ou le sel de mer et la macédoine et laisser reposer 5 minutes environ ou jusqu'à ce que l'eau soit absorbée. Servir.

- 1 à 2 tasses (250 à 500 ml) de farine de sarrasin
- 1/2 c. à thé (3 ml) de sel de mer ou d'Herbamare
- Eau

Mélanger le tout pour obtenir une pâte lisse. Je ne donne pas de quantité d'eau car tout dépend de l'épaisseur de la galette désirée. Sur une plaque de fonte ou dans une poêle antiadhésive, verser la quantité de pâte désirée. Faire cuire des deux côtés. Il est à noter qu'on ne met aucun gras sur la plaque ou la poêle. Manger avec de la margarine, du beurre d'arachide, du pâté végétal. Cet aliment est très énergétique.

- 2 tasses (500 ml) de haricots blancs
- 1 oignon
- 1 carotte
- 1 branche de céleri
- 2 clous de girofle
- 1 feuille de laurier
- 1/4 c. à thé (1 ml) de thym séché ou 1 branche de thym frais
- Sel de mer ou Herbamare

Bien laver les haricots. Les faire tremper toute une nuit. Les faire cuire dans leur eau de trempage. Ajouter tous les ingrédients, sauf le sel de mer ou l'Herbamare. Cuire à couvert à feu lent, sur la cuisinière, deux à trois heures. Vérifier de temps à autre et ajouter un peu d'eau chaude pour couvrir les haricots. Quand les haricots sont cuits, ajouter du sel de mer ou de l'Herbamare.

- 2 tasses (500 ml) de haricots blancs
- 1 oignon
- 2 c. à soupe (30 ml) de mélasse (facultatif)
- 1 c. à thé (5 ml) de sel de mer ou d'Herbamare

Mettre les haricots bien lavés dans un bol et laisser tremper dans l'eau toute la nuit. Par la suite, faire bouillir dans l'eau de trempage pendant 30 minutes. Écumer. Verser les haricots dans une jarre et ajouter l'oignon, la mélasse, le sel de mer ou l'Herbamare et bien mélanger. Faire cuire au four à 250 °F (120 °C) pendant environ 3 heures. Vérifier de temps en temps et ajouter de l'eau chaude au besoin pour couvrir les haricots.

*Note :* La mélasse est facultative, car les haricots et elle ne font pas nécessairement bon ménage. Cependant, si vous ne mangez pas de dessert, vous n'aurez probablement aucune difficulté à digérer pour une fois.

- 1 tasse (250 ml) de carottes coupées en dés
- 1/2 tasse (125 ml) de navet coupé en dés
- 1 tasse (250 ml) de pommes de terre coupées en dés
- 1/2 tasse (125 ml) de pois verts
- 1 tasse (250 ml) de haricots verts ou jaunes
- Une pincée de sel de mer
- Eau (environ 2 tasses [500 ml])
- 2 abaisses de tarte

*Préparation de la sauce béchamel*

- 1 1/2 tasse (375 ml) de lait
- 1/2 tasse (125 ml) de farine de blé entier
- Un peu de persil
- 1 c. à soupe (15 ml) de margarine

Passer les trois premiers ingrédients de la sauce béchamel au mélangeur. Ajouter 1 c. à soupe (15 ml) de margarine et cuire à feu lent en brassant.

Faire cuire tous les légumes dans l'eau à feu lent environ 20 minutes. Bien mélanger. Quand les légumes sont cuits, ajouter la sauce béchamel. Verser dans une croûte de tarte et recouvrir d'une abaisse. Faire cuire au four à 425 °F (215 °C) pendant 10 minutes. Baisser le feu à 350 °F (180 °C) pendant environ 30 minutes. La croûte du dessus peut être humectée avec un peu de lait pour lui donner une couleur plus dorée.

Notez que vous pouvez remplacer la sauce béchamel par une boîte de sauce aux champignons (10 oz [300 ml]).

- Carottes coupées en dés
- Pois verts
- Haricots verts
- Brocoli en morceaux
- Courgettes en dés
- Fromage râpé

*Préparation de la sauce béchamel*

- 1 c. à soupe (15 ml) de margarine
- 4 c. à soupe (60 ml) de farine de blé mou entier
- 1 1/2 tasse (325 ml) de lait
- Herbamare ou sel de mer

Passer la préparation de la sauce béchamel au mélangeur, puis la faire cuire pendant quelques minutes. Entre-temps, faire cuire dans l'eau les carottes, les pois, les haricots de 5 à 6 minutes. Ajouter le brocoli et les courgettes. Quand tout est cuit, mettre les légumes dans un plat allant au four et verser la sauce béchamel. Saupoudrer de fromage râpé et faire dorer.

*Note :* L'eau de cuisson des légumes peut être ajoutée à la béchamel.

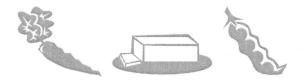

- 2 tasses (500 ml) de lentilles
- 1 oignon
- 1 carotte
- 1 branche de céleri
- 2 clous de girofle
- 1 c. à thé (5 ml) d'origan
- 1 c. à thé (5 ml) de fines herbes italiennes ou de persil
- Sel de mer ou Herbamare au goût

Laver les lentilles. Les mettre à tremper dans un grand plat pendant 4 heures. Égoutter les lentilles, les mettre dans une casserole avec l'oignon, la carotte, le céleri, le clou de girofle, l'origan et les fines herbes italiennes ou le persil. Couvrir le tout d'eau et cuire pendant 40 minutes. À la fin de la cuisson, vous pouvez ajouter un peu de sel de mer ou de l'Herbamare au goût.

- 3 tasses (750 ml) d'eau
- 1 tasse (250 ml) de millet
- 1 petit oignon
- Une pincée de sel de mer ou d'Herbamare
- 1/2 tasse (125 ml) de poivron vert coupé en dés
- 1/2 tasse (125 ml) de carottes coupées en dés
- 1 c. à thé (5 ml) de persil séché

Dans une marmite, porter l'eau à ébullition. Y jeter le millet, l'oignon et le sel de mer ou l'Herbamare. Faire cuire à feu moyen pendant 30 minutes. Pendant ce temps, couper le poivron et les carottes. Fermer le feu et ajouter le reste des ingrédients. Laisser reposer au moins 10 minutes pour que l'eau soit absorbée. Dans votre assiette, vous pouvez ajouter un peu d'huile de tournesol.

- 1 tasse (250 ml) de carottes râpées
- 1/2 tasse (125 ml) de navet râpé
- 1 tasse (250 ml) de céleri coupé en dés
- 1/2 tasse (125 ml) de poivron vert coupé en dés
- 1 tasse (250 ml) de riz cuit
- 1/2 tasse (125 ml) de bouillon de légumes
- Une pincée de sel de mer ou d'Herbamare

Bien mélanger tous les ingrédients. Mettre dans un moule à pain beurré et faire cuire au four à 350 °F (180 °C) pendant 30 minutes. Démouler sur une feuille de laitue.

# PÂTÉ AU BROCOLI

- 2 tasses (500 ml) de brocoli finement coupé et cuit
- 1 tasse (250 ml) de carottes et de navet râpés
- 1 tasse (250 ml) de poivron finement coupé et cuit
- 1/2 tasse (125 ml) de bouillon végétal
- Un peu d'origan
- Une pincée de sel de mer ou d'Herbamare
- 2 abaisses de tarte de 9 po (23 cm)

Mélanger tous les ingrédients. Verser sur une abaisse de tarte, recouvrir d'une autre et faire cuire au four à 425 °F (215 °C) pendant 10 minutes, puis à 350 °F (180 °C) jusqu'à ce que la croûte soit dorée. Servir avec une bonne salade de crudités.

- 10 pommes de terre de grosseur moyenne
- 1 à 2 c. à soupe (15 à 30 ml) de margarine
- Herbamare
- Poudre d'oignon
- Échalotes (fraîches ou séchées)
- Persil séché
- Lait
- 2 oignons de grosseur moyenne
- 1 paquet de 450 g (2 tasses) de seitan
- 500 à 700 g de maïs en grains congelé

Faire cuire les pommes de terre à la vapeur jusqu'à ce qu'elles soient tendres. Dans un bol, les piler en incorporant la margarine, l'Herbamare, la poudre d'oignon, les échalotes et le persil séché. Ajouter juste assez de lait pour donner une consistance moelleuse. Réserver.

Couper les oignons en petits morceaux et les faire sauter quelques minutes dans un poêlon antiadhésif à feu moyen. Si les oignons collent, ajouter un peu d'eau. Ajouter le seitan et un peu d'eau, juste assez pour humidifier et empêcher de coller. Bien mélanger le tout, et laisser chauffer quelques minutes. Réserver.

Faire cuire le maïs à la vapeur. Ne pas le décongeler avant la cuisson.

Dans un plat allant au four, verser le mélange de seitan et en couvrir tout le fond. Ajouter le maïs et l'étendre uniformément. Couvrir avec les pommes de terre.

Mettre au four à 350 °F (180 °C) pendant 30 minutes.

- Poivrons (1 par personne)
- Mélange de haricots blancs cuits (voir les recettes précédentes)
- Sauce tomate

Laver et vider les poivrons. Les faire blanchir 5 minutes dans l'eau bouillante. Les farcir avec les haricots blancs, puis servir avec une sauce tomate.

- 6 carottes moyennes
- 1/2 tasse (125 ml) de navet (ou 2/3 de carottes et 1/3 de navet)
- Persil haché
- Une pincée de sel de mer ou d'Herbamare

Faire cuire les légumes dans l'eau jusqu'à ce qu'ils soient tendres. Après cuisson, mettre le tout au mélangeur pour en faire une purée. Ajouter de l'eau si la consistance est trop épaisse ainsi que le persil haché et le sel de mer ou l'Herbamare. Remettre au feu environ 2 minutes. Délicieux!

# QUICHE AU BROCOLI

- 1 jaune d'œuf (facultatif)
- 3 œufs entiers biologiques
- 1 tasse (250 ml) de lait à 2 %
- 1/2 tasse (125 ml) de poivron vert coupé en dés
- 1 tasse (250 ml) de brocoli finement haché
- Un peu d'origan
- Une pincée d'Herbamare
- 1 abaisse de tarte

Fouetter le jaune d'œuf, les œufs entiers et le lait. Ajouter le poivron, le brocoli, l'origan et l'Herbamare. Bien mélanger. Déposer dans une abaisse de tarte. Faire cuire 10 minutes au four à 400 °F (200 °C). Réduire à 350 °F (180 °C) et continuer la cuisson pendant 20 minutes. Laisser reposer 10 minutes avant de servir.

- 3 tomates
- 2 poivrons verts
- 2 oignons
- 4 gousses d'ail
- 1 aubergine pelée
- 1 courgette
- 1/2 tasse (125 ml) de bouillon de légumes
- Gruyère râpé
- Thym et laurier
- Une pincée d'Herbamare
- Huile d'olive ou de tournesol

Couper finement tous les légumes. Mettre à cuire dans une casserole pendant 20 minutes avec le bouillon de légumes. Assaisonner au goût de thym et de laurier. Après la cuisson, mettre dans un plat, saupoudrer de gruyère et mettre à dorer au four. Dans votre assiette, arroser la ratatouille avec un peu d'huile.

# RIZ AUX LÉGUMES

- 3 tasses (750 ml) d'eau
- 1 oignon émincé
- 1 tasse (250 ml) de riz brun lavé
- Une pincée de sel de mer ou d'Herbamare
- 1 tasse (250 ml) de macédoine de légumes

Porter l'eau à ébullition, ajouter l'oignon, le riz, le sel de mer ou l'Herbamare. Faire cuire à feu moyen pendant 30 minutes et fermer le feu. Ajouter la macédoine de légumes cuits et laisser reposer 10 minutes. L'eau devrait être absorbée.

- 1 laitue
- 1 poivron vert coupé en dés
- Du céleri coupé en dés
- Du concombre coupé en dés
- Des tomates coupées en dés
- Des carottes râpées
- Du chou râpé
- Huile (à votre choix)
- Herbamare

Couper la quantité de légumes voulue. Y ajouter de l'huile de votre choix et un peu d'Herbamare. Bien mélanger. Vous pouvez aussi ajouter un peu de levure alimentaire en flocons qui donne un bon goût. Vous pouvez varier vos salades à l'infini. Pour les personnes qui ne doivent pas saler, vous pouvez ajouter des fines herbes telles que le persil, le fenouil, la menthe, la sarriette, le basilic. Dans les magasins d'aliments naturels, vous trouverez des assaisonnements pauvres en sel.

# Soupe aux pois et aux légumes

- 2 tasses (500 ml) de pois entiers
- 12 tasses (3 litres) d'eau
- 1 oignon coupé finement
- 1/2 tasse (125 ml) de haricots verts
- 1 carotte finement coupée
- 1 c. à thé (5 ml) d'origan
- Une pincée de sel de mer ou d'Herbamare

Bien laver les pois. Les faire tremper toute la nuit et les faire cuire dans l'eau de trempage. Ajouter l'oignon, les haricots, la carotte et l'origan, puis porter à ébullition. Cuire à feu lent de 2 à 3 heures. Vérifier de temps en temps s'il y a assez d'eau et en ajouter au besoin. À la fin de la cuisson, ajouter le sel de mer ou l'Herbamare.

*Variante :* Ajouter 1 c. à thé (5 ml) de bicarbonate de sodium dans l'eau de trempage. Jeter l'eau, bien rincer et recommencer le processus.

- 6 tasses (1,5 litre) d'eau bouillante
- 1 tasse (250 ml) de riz brun
- 1/2 tasse (125 ml) de nouilles aux légumes
- 1 petit oignon
- 1/2 tasse (125 ml) de sauce tomate
- 1 tasse (250 ml) de céleri coupé en dés
- 1 tasse (250 ml) de carottes coupées en dés
- 1/2 tasse (125 ml) de pois verts (facultatif)
- Une pincée de sel de mer ou d'Herbamare

Dans l'eau bouillante, ajouter le riz et cuire à feu lent de 20 à 25 minutes. Puis, ajouter tous les autres ingrédients et laisser cuire de 10 à 15 minutes. Si la soupe est trop épaisse, ajouter un peu d'eau.

- 2 tasses (500 g) de fromage cottage maigre
- 3 échalotes (facultatif)
- 2 carottes râpées
- 4 radis
- 1/2 poivron vert coupé en lanières
- Un peu de persil
- Une pincée de sel de mer ou d'Herbamare

Passer tous les ingrédients au mélangeur jusqu'à l'obtention d'une consistance homogène. Servir avec des bâtonnets de céleri, des bouquets de brocoli, des tranches de concombre, etc.

- 2 poireaux moyens tranchés
- 1 abaisse de tarte
- 4/5 tasse (200 ml) de lait
- 1/4 tasse (50 ml) de margarine
- 1/4 tasse (50 ml) de farine de blé entier à pâtisserie
- Un peu de sarriette
- 1/2 c. à thé (5 ml) d'Herbamare (ou au goût)

Laver les poireaux, les couper en fines rondelles et les déposer sur l'abaisse de tarte. Faire chauffer un peu le lait et la margarine pour la faire fondre. Ensuite, passer au mélangeur le lait, la margarine, la farine, la sarriette et l'Herbamare. Bien brasser, verser sur les poireaux et faire cuire 10 minutes au four à 400 °F (200 °C), puis 25 minutes à 325 °F (160 °C).

# TOURTE AUX LÉGUMES

- Nouilles cuites
- 1 tasse (250 ml) de bouillon de légumes
- Légumes coupés en dés (brocoli, céleri, poivron)
- Herbamare au goût
- 1 tasse (250 ml) de carottes râpées

Dans un plat allant au four, mettre un rang de nouilles cuites. Verser 250 ml (1 tasse) de bouillon de légumes. Bien mélanger. On peut réduire la quantité de bouillon pour un résultat moins juteux. Puis, étendre un rang de brocoli, un rang de céleri et un rang de poivron. Assaisonner avec de l'Herbamare. Recouvrir le tout des carottes râpées. Cuire au four à 350 °F (180 °C) pendant 30 minutes. On peut arroser de temps en temps avec le bouillon de légumes.

On peut aussi préparer une tourte aux légumes sans nouilles en les remplaçant par une courgette coupée en fines rondelles et recouvrir le tout de fromage râpé ou de tranches de mozzarella. Faire cuire au four à 350 °F (180 °C).

# Pour terminer

Il ne vous reste plus, mes chers amis, pour atteindre le but fixé, qu'à mettre en pratique ce que vous avez lu dans les pages précédentes. Mangez selon les **bonnes combinaisons alimentaires**, consommez beaucoup de fruits frais et des légumes crus, verts de préférence. Ne mangez pas de féculents en excès, mastiquez bien, omettez les desserts, buvez de l'eau entre les repas, fêtez entre Noël et le jour de l'An et non entre le jour de l'An et Noël. Soyez persévérant, faites de l'exercice physique (marche rapide, vélo extérieur et intérieur, natation, aquaforme, tennis, etc.).

Les auteures Renée Frappier et Danielle Gosselin, dans leur livre *Le guide des bons gras*, disent : «Pour garder de bons os, l'exercice physique s'avère primordial. Quand les muscles travaillent, ils tirent sur les os et les stimulent à renforcer leur structure.» Alors, choisissez un exercice et faites-le tous les jours. Sans exercice physique, on peut maigrir et améliorer sa santé avec les **bonnes combinaisons alimentaires**, mais si l'on ne veut pas, un jour, ne plus pouvoir monter une marche d'escalier, ne plus pouvoir ramasser un objet sur le plancher, il nous faut bouger. Comme le souligne si bien cette image populaire : «Grouille avant que ça rouille.» Ce n'est pas du jour au lendemain que l'on devient obèse, que l'on devient malade, les toxines s'accumulent jour près jour, et la même chose se produit à force de ne pas bouger. Un bon matin, on se rend compte que l'on ne peut plus lever le pied.

« L'exercice physique contribue à densifier la masse squelettique et aide à prévenir l'ostéoporose », a dit Alain Bordeleau, le meilleur marathonien du Québec.

Je le répète : **être en santé est très simple**. Il suffit de changer ses mauvaises habitudes. Le présent ouvrage vous en donne la possibilité. C'est avec la connaissance que l'on peut améliorer les choses.

Ne nous laissons pas tromper par des mentions comme « sans gras trans » sur des sacs de biscuits ou de chips. Ce n'est pas avec de telles denrées qu'on se fait une santé ! Ne l'oublions pas : tout gras contient de la glycérine qui, une fois chauffée, se transforme en acroléine, un poison.

Ce sont de petites actions – comme prendre de la chlorophylle (Land Art) le matin, faire une cure de jus de fruits une journée par semaine ou par mois, jeûner périodiquement dans un centre spécialisé comme le Centre Val Santé à Rawdon – qui nous aident à avoir une meilleure qualité de vie.

On peut aussi, au printemps et à l'automne, faire une petite cure de désintoxication, c'est-à-dire nettoyer son organisme à l'aide d'herbes achetés dans les magasins d'aliments naturels. C'est un plus pour conserver ou pour recouvrer sa santé.

Il y a tant à voir et à faire dans la vie, je vous souhaite de pouvoir en profiter à 100 %.

Bonne santé et soyez heureux !